近代日本キリスト者との対話

その信の世界を探る

鵜沼裕子

聖学院大学出版会

まえがき

本書は、近代日本のキリスト者(プロテスタント)の思想をめぐる拙論を一本にまとめたもので、一九八九年に『近代日本のキリスト教思想家たち』(日本基督教団出版局)を上梓《じょうし》して以来、私にとって三冊目の論文集となる。実は、第二の論文集『近代日本キリスト者の信仰と倫理』(聖学院大学出版会、二〇〇〇年)を出した時には、論文集はこれで終わりにするつもりであったのだが、主として学会誌や大学の紀要等に載せた論文が一般の方々の目に触れる機会はほとんどないであろうし、内容においても、非力なりに多少前進の跡が見えるように思われたので、このたびこのようなかたちで一本とすることとした。

「近代日本におけるプロテスタント思想」という研究テーマに関してはこれまでに、「なぜこうしたテーマを研究対象に選んだのか」という質問をたびたびいただいた。しかしその都度、自分がこの問いに対して的確な答えを持ち合わせていないことにあらためて気づかされるという次第であった。私はただ、質問者を前にしどろもどろなことを話す自分自身を恥じるのみであった。

私が研究テーマと出会った経緯についてはすでに記したことがあるので省略するが[1]、研究の目的について言えば、単に「この方面のことをやってみたい」という、まことに漠然とした考えを抱いていたにすぎなかった。私は大学一年生の時にプロテスタントの洗礼を受けていたが、実はキリスト者であることと研究者としての営為とは、必ずしも初めから明確に切り結んでいたわけではなかった。（もちろん、私が非キリスト者であればこのようなテーマを選ぶことはなかったであろうが。）例えば、〝果たしてキリスト教は日本に根を下ろし得るか〟、などという大上段に構えた問題意識をもって研究を始めたわけではなかったのである。

そうした曖昧な態度で学究生活に入った私にとって、この書をまとめるという作業は、一キリスト者としての私が半世紀以上にわたってこうしたテーマと関わり続けたことには一体どういう意味があったのかということについて、あらためて考える機会を与えてくれたように思う。一言で言えばこの研究は私に、近代日本においてキリスト教と出会い、その信仰を選び取った人々の、さまざまな信仰的思想的生き様を見せてくれたと言えようか。言い換えれば、私にとって研究の目指すものは、初めから存在したのではなく、研究という営為の先に見えてきたと言えるのかもしれない。

このことと関連して、「日本のキリスト教（プロテスタンティズム）思想」という研究対象に向かう私のスタンスについて一言しておきたい。

私が当該テーマの研究を志した一九五〇年代の初め頃は、日本でキリスト教学を学べるのは、キリスト教伝道者の養成を目指す神学校を除けばごく限られた大学のみであった。そのため私は、半ば偶然のいきさつも手伝って、東京大学文学部の倫理学科において、このテーマの研究に入ることとなった。ということは、私はキリスト教学そのものではなく日本倫理思想史学という入り口からこの分野の研究に入ったということである。当時の東京大学では、日本思想史学研究の場は制度的に確立していたわけではなく、倫理学科の中が西洋倫理思想史専攻コースと日本倫理思想史専攻コースとにゆるやかに分かれていただけであった（この状況は、基本的には現在も変わっていない）。したがって私は、後者に身を置いて、目的とする研究を始めることとなった。ところが実際に中に入ってみると、西洋倫理思想史のコースでは、ギリシャ思想に始まりドイツ観念論や現代の実存主義の思想家等、日本倫理思想史のコースでは鎌倉仏教や国学、江戸時代の儒学の代表的な思想家等々、いわゆる「大物」の研究が正道で、「近代日本のキリスト教」などというテーマにはほとんど市民権が与えられていなかったのみか、テーマを口にすることにさえ気恥ずかしさを感じるような雰囲気であった。したがって、具体的な研究作業のやり方については、私がこの分野の研究に入る機縁となり、当時、東京大学倫理学科に非常勤で出講されていた大内三郎先生の個人的な指導によるところが多かった。

しかし、実際に研究を進めていく上で直面した最も大きな壁は、個別の知識や資料の収集方法よりも、収集した資料や知見をいかに体系化するかという「方法論」の問題であった。学生時代に、何かの折にある教授が、日本研究をやる学生には方法論がない、と言われたことに衝撃的な驚きを受けたことが、今も鮮明に記憶に残っているが、何の予備知識も見識もなく、単に漠然と研究テーマだけを決めてこの世界に飛び込んだ私には、恥ずかしいことに、当初はその言葉が何を意味するのかさえ理解できなかった。当時、一般の思想史学の世界では、丸山真男の『日本政治思想史研究』（東京大学出版会、一九五二年）が、近代をとらえる新しい方法的視座を提示したものとして日本思想史の研究に一つのエポックを形作っていたのだが、そのような状況を認識することは、当時の私の力量をはるかに超えるものであった。先輩学究らの背中を見ながら、文字通り手探りで「方法論」なるものを学び取っていったというのが、私の研究生活のスタートであった。

そうした営みを通して私が曲がりなりにも探り当てたのが、その淵源《えんげん》は大正期に遡るが、和辻哲郎によって基礎を据えられた、古典的文献の吟味検討を通して、研究対象をそれ自体に内在する論理や発想法に即して解明するという、いわゆる解釈学的な思想研究の方法であった。一方、戦後に芽生えて学問世界に市民権を得た、日本プロテスタント・キリスト教のアカデミックな研究の方法は、宗教改革に淵源を持つ、欧米、特にアメリカの福音主義的な信仰形態をモデルとして研究対象を吟味検討し評価していくというやり方が主流であった。また多くの研究は、天皇制下にあった当代の価値観や、前時代から続く土俗的なエートスの残滓《ざんし》を、近代的なキリスト教的価値観によって克服していくという、使命感にも似た問題意識に貫かれていた。しかし、研究へのそうしたアプローチの姿勢には、研究者自身の鮮明な主体的意識が反映されるものの、研究対象自体のありようの解明という点では、そのありのままの姿に迫れないのみか、むしろこれを歪《ゆが》めてしまうのではないかと思われた。加えて、過去の思想との対話を目指すことが思想史研究者に課せられた責務であるという姿勢に立つならば、対象の中に共感的に入り込むことをせず、単に「外側から」論評するのは問題ではないかとも感じられた。

当時主流を占めていた日本キリスト教史の研究方法に、そうした漠然としたあきたりなさを感じていた私にとって、解釈学的な研究方法を知ったことは、これこそ私の求めていたものであったという研究方法との、この上なく幸いな、大袈裟《おおげさ》に言えば歓喜に満ちた出会いとなったのである。「セキュラー」な一般の思想史学において当然のこととして用いられていた対象へのアプローチの仕方が、それを最も必要とすると思われる信仰の世界で蔑《ないがし》ろにされていたということは、あえて言えば日本キリスト教史研究のある種の「偏り」を示しているようにも思われた。しかし、さらに突き詰めればそのような姿勢は、諸宗教の中でキリスト教こそが唯一の真正な宗教であり、当代のプロテスタンティズムの価値観こそが時代をリードするに最もふさわしい世界観であるとの確信に立つ、キリスト教特有の独尊的姿勢に帰結するのではないかとも思われた。（もっともこのことは、宗教を名乗る多くの営為に共通する特色であると言えるのかもしれない。）加えて、そうした「独善的」な態度をとるならば、異なる価値観を研究対象とする人々との学究的な対話は成り立たないのである。なぜなら、そもそも思想史研究というものは、自らの立場を客観的に対象化することなしには成り立たないからである。こうして私は、過去の人々の「思想」という素材を、あらゆる先入見を捨てて読み解き、能《あた》う限りその「実像」に迫ることこそが、私の望む日本キリスト教思想史研究に最もふさわしい方法であるとの認識に至ったのである。

ところで、このような態度で「近代日本のプロテスタント思想」という課題と向き合っていくうちに見えてきたものは、一つには、研究対象としての信仰主体とキリスト教的福音との間に確固として介在する「日本的なるもの」であった。すなわち、一般に欧米プロテスタンティズムをモデルとする分析からは、とかく前近代的なものの残滓、日本的な停滞性の指標などとして切り捨てられがちであった、いわゆる「伝統的なもの」は、実は「異教の地」に生まれ育った主体が、キリスト教的福音の核ともいうべきものを、魂の深奥において主体化するために不可欠の媒体であったということである。いま、武士道とキリスト教を例にあげれば、例えば、植村正久の信仰的世界を吟味分析するなら、そこには、彼がその中に生まれ育った武家社会のエートスが、単に彼のキリスト教信仰に色濃く反映しているなどというレベルにとどまらず、彼のキリスト教理解を構成する重要な要素の一つとなっていることが見えてくるのである。

これはすでに発表した論文に述べたので詳論は避けるが、例えば、擬人化され何ほどか超越神的な性格を帯びていた幕末の「天」の思想が、キリスト教的人格神信仰受容の媒体の役を果たしたことはつとに指摘されているところであるが、「我を知る者」としての天の前に居住まいを正し、「天の寵《ちょう》を荷う」者としての自尊と気概に満ち、時には「罪を天に得たり」と呻吟《しんぎん》する植村にとって、天はまさに植村をこの世に個として存立せしめる原点ともいうべきものであった。「天、我を知る」ということと、「エホバよ汝は我を探り我を知り給えり」ということとは、植村にとって一つのことであり、「天」は、単に聖書の神への「橋渡し」の役割を果たしたというにとどまらず、聖書における超越観念は、「天」という表象と一体となることによって、植村において真に生命力を得、彼の心に不動の地歩を占めるものとなったのである。(ちなみに、植村のこのような理解が正統的な聖書解釈に照らして正しいか否かを問うことは、ここでの課題ではない。)

植村に関してもう一つ例をあげれば、「植村神学」の特色とも言われる「志」の問題である。私見によれば、植村正久のキリスト教世界の基本は、ほぼ次のように押さえることができる。人の究極目標は、道義的自己の確立にある。それは、人が神性の高みに向かおうとする「志」を立て、人の本性である神の子としての本領を全うして生きることである。しかしながら罪悪を「霊性の疾病」として負い、そのことによって神性から隔絶している現実の人間においては、このことの貫徹は己一個の努力では不可能であり、神の子イエス・キリストの贖罪《しょくざい》の業という超越からの介入により「志」が根源的な活力を賦与されることによってのみ、人は神とのあるべき関係を回復し、神の子としての本来的生を全うすることができるのである。このように見ることが許されるならば、「志」は植村の信仰の成立にとって不可欠の動機であり、かつ彼の信仰的世界の欠くべからざる構成要素となっていることを見ることができるであろう。

なお、植村自身は「志」を必ずしも武士道と結びつけて語ってはいないのであるが、「志」は武士の精神的遺産の一つと見てよいであろう。ちなみに相良亨は、植村は「志」を語る場合、例えば「王陽明の立志」のように儒教との関連において語り、武士道との関連においては語らないと指摘しつつ、われわれが「武士道精神とキリスト教の出会いという観点から植村に接近する場合に、彼の武士道という言葉に、あるいは〝武士道は云々《うんぬん》〟という理解にのみ、必ずしもこだわるべきではないとしるべきであろう」と述べている。(2)(このことは、一般にわれわれが文献を解読する場合に忘れてはならない態度であると考える。)

ところで、読者の中には、以上のようなことは私が意図的に、研究対象の中に「日本的なるもの」を探り求めた結果現れてきたキリスト者像であると読まれた方が多かったが、実は逆に、こうしたありようは、対象の吟味分析の中から、おのずと立ち現れてきたものであったことを付け加えておきたい。研究対象を読み解くということは、われわれが対象を解釈してその像を作り上げるというよりは、対象自らが研究者に己を現すということに他ならないのではなかろうか。

さて、このような姿勢で「近代日本のキリスト教思想」という課題と関わるうちに見えてきたもう一つのものは、研究対象としてのキリスト者の「信仰的原体験」とその重要性である。宗教に限らず歴史に名を残す人々には、多くの場合、その人となりや行動を形成した原体験的なものがあるであろうが、キリスト者の場合、それは言うまでもなく、聖書に啓示された神との出会いの体験である。「信仰的原体験」がキリスト教史の研究にとってもつ意味については、あらためて「序章」で述べることとしたい。

収録論文は、(一作を除き) 聖学院大学に在職中の後半期に書いたもので、それぞれの内容は以下の通りである。(初出の年は「あとがき」に記した。)

序章　方法的視座としての宗教体験——今後の研究への期待を込めて

従来の日本キリスト教史研究では、個人の宗教体験が教義や教会制度、社会的実践などとして外化されたありようの研究にもっぱら焦点が向けられてきたが、今後の研究に望まれることとして、宗教の核である個人の宗教体験の検証に立ち返るべきではないかということを述べた。

第一章　植村正久における文学と信仰

植村正久が内外の文学に深い関心を抱き、讃美歌や旧約聖書の翻訳、英文学の移入・紹介等にも名を残していることは広く知られるところである。本章では、植村正久の文学論そのものを取り上げて彼の見解の当否や近代文学史上の功績を論じるのではなく、「文学」が植村の信仰の世界においてどのように位置づけられ、かつどのような意義をもったかについて考察した。

第二章　内村鑑三における信仰と倫理――戦争と平和の問題をめぐって

本章では、内村鑑三が経験した三つの大戦争（日清・日露・第一次世界大戦）に対する彼の見解を、その時々の信仰のありようとの内的な関連から考察することを試みた。これらのうち特に、究極の正義はキリストの再臨において実現するという第一次世界大戦下の平和論は、人為を超えた他界的な地平に究極の根拠を据えた倫理的態度として、現代の信仰者の生き方にも普遍的な意義をもつものと考える。

第三章　新渡戸稲造の世界――その植民地観をめぐって

本章では新渡戸稲造の植民地観を、彼の広範な世界全体の中で考察し、それが彼の神秘家的資質および民俗学への関心の産物であることを解明した。この作業により、新渡戸固有の植民地観の性格を、ある程度明らかにし得たと考える。またこれによって、新渡戸を帝国主義者と断罪する人々とそれに異を唱える研究者との間に今なお続く論争に対して、両者の溝を埋める一つの道筋を示すことができれば、と考える。

第四章　波多野精一の他者理解

波多野精一は、近代日本思想史の中で、キリスト教思想家としてよりもむしろ宗教哲学者として位置づけられてきたが、彼の業績には、日本キリスト教思想史から見て「他者」をめぐるきわめて意義深い思索がなされている。神と自己との関係問題にのみ関心が集中し、かつ自他の間柄関係の呪縛にとらわれていた日本のキリスト教思想界に、「他者」のもつ固有の意味とその存在根拠を示した波多野の思索は、日本のキリスト教思想史に新たな一つの楔《くさび》を打ち込んだものとして評価できることを示した。

第五章　賀川豊彦の世界——「悪」の問題を中心に

賀川豊彦をめぐる研究は、これまで主として彼の社会事業家としての側面に関心が向けられてきた。本論では彼の神秘家的側面に光を当て、かつ賀川が畢生《ひっせい》の課題とした「宇宙悪」の問題をめぐって、「悪」が「神秘思想家賀川」の中にどのように位置づけられ、またどのような意味をもつかについて考察した。この作業によって、賀川の独特なキリスト教世界を再構成し得たと同時に、とかく批判にさらされる著作『貧民心理の研究』の執筆意図も、ある程度解明できたのではないかと考える。

第六章　高倉徳太郎の生と死をめぐって——一信徒としての立場から

自死という高倉徳太郎の終焉《しゅうえん》については、これまでいくつかの解釈が試みられてきた。本論では、そのうちの赤星進と佐藤敏夫の論文の批判的な吟味検討を通して、自死という高倉の選択が、間柄関係を重視する日本社会に、プロテスタント的な「個の倫理」を樹立しようと苦闘した果ての悲劇であったことを論じた。

第七章　キリスト教から見た国家と倫理

本章は、日本倫理学会のシンポジウム（一八八六年）において発表し、同学会編『近代日本における国家と倫理』に収録された論文に加筆修正したものである。内容は、超越理念が倫理的生活に対しても つ意味という視点から、植村正久を中心に内村鑑三、海老名弾正を取り上げて課題の検討を試みたもので、三者の場合を比較すると、神と人との対峙《たいじ》における緊張度の高まりが、そのまま現実問題への対応における厳しさの度合いに相応するという構造を鮮やかに読み取ることができるのは、きわめて興味深いことであり、かつ彼らの課題を受け継ぐ現代日本のキリスト者にとって示唆するところが少なくないことを結論づけた。かなり古いものではあるが、同学会に参加された諸氏から一定のご評価を得た上、自分でも言いたいことが言えたという思い入れのある論文なので、多少の加筆修正の上、あえて収録することとした。なお収録論文のうちで、本論文のみ、個人の思想ではなく主題について論じたものとなっている。

ところで、私のこれまでの仕事のほとんどは、個別の思想家が残した文献の分析を中心とするもので、複数の思想を時代や社会の文脈の中で総合的にとらえようとしたものではない。このことは、消極的には、私の視野の狭さや、物事を統合的にとらえる見識とバランス感覚の欠如によるものであるが、より積極的に言うことをお許しいただければ、（いささかおこがましい言い方になるが）過去の思想家たちを、キリスト教信仰を共有して共に歩むべき同志と受け止め、過去の思想家たちがそれぞれの流儀で主体化した信仰に学びつつ、自らの信仰的生を養うことを目指した故であった。もっとも先にも述べたようにこのことは、初めからそれを研究の目的と見定めていたわけではなく、研究生活を続けていく中で次第に定まってきた方向であると言ったほうがよい。その意味で私のこれまでの仕事は、思想史の解明というよりは、歴史的な人物を「師」とした自己の生き方の探究であると言うほうがより適切であるかもしれないと思う。しかし、研究というものにそうした「実効性」を求めることは、学問的研究としては不純であるかもしれない。その意味で私のなしてきた仕事は、基本的にはやはり「自己目的としての研究」であると言っておきたい。

おわりに、キリスト教に関する学問的研究と自らの信仰との関わり（いささか大仰な言い方をすれば、「信と知」ということになるが）について、一言しておきたい。

先に、「そもそも思想史研究というものは、自らの立場を客観的に対象化することなしには成り立たない」と述べたが、このことと特定の宗教の信仰者であることは、一般に自らの信じる宗教を研究対象とするものが陥らねばならない隘路《あいろ》であると言えるかもしれない。卑近な例で言えば、私はキリスト教主義大学で日本キリスト教史に関する科目をいくつか受け持ってきたが、そこでの講義は、一般の大学で行われるそれとは異なる意味を負わされている。すなわちその狙いは、大学設立の基本理念であるキリスト教精神に触れ、それへの理解と関心とを深めることに置かれている。したがってその内容は、単に日本のキリスト教史に関するかれこれの知識を伝えるだけではなく、聖書に啓示された神の聖旨が日本という歴史的社会的現実においていかに具現されたかを伝えるものでなければならない。

このことはきわめて当然のことのようでありながら、実際にそのような講義を行うことは至難の業である。言うまでもないことであるが、物事への批判精神を養うことが大学教育の基本的な目的の一つであるとするならば、キリスト教の歴史も基本的には相対化されねばならず、直接的に伝道を目指すような語り方は許されないからである。このことは、突き詰めれば「学問と信仰の関わり」という問題に行き着くので、いまここで意を尽くすことはできない。さしあたっては、以上述べたような本書の問題意識と研究方法を通して、私の研究活動を根本で支えるものがキリスト教の信仰であることを、読者諸氏に感じ取っていただくことを切に願っている。

蛇足であるが一言付け足せば、本書は各思想家の生の軌跡を実証的に再現することを目指したものではなく、各信仰主体の信仰と思想・行動の内的構造連関を再把握することを試みたものである。文献の中には、果たしてそのことが、語った当人の「本音」であるかどうかということは、突き詰めていけば不明である場合もあるであろう。実証史家は、研究主体のそれぞれの言動について、いわゆる「裏付け」をとらねばならないと言われるかもしれない。しかし私としては、いやしくも思想家として世に立ち、後世に名を残す人々が残した言論であれば、ひとたび己の口から出て独り歩きを始めた思想に対しては責任があると考えたい。加えて、私の目に映じた各キリスト者の「実像」の中には、果たしてその福音理解が現在の神学に照らして聖書の福音に適うものであるかどうか、疑わしいものがあることも事実である。しかしその当否を論ずることは私の力量の範囲ではなく、また目指すところでもない。ただ、ここに拓かれた世界が、現代を生きるキリスト者の生き方に何ほどか示唆を与えるものとなれば無上の幸いである。
なお、各章の書き出しの部分には、方法論的な見地から各章に重複する記述があるが、立論上必要と思われる範囲でそのままとしたことをお許しいただきたい。また本書では、原則として引用文は新字体・現代仮名遣いで統一することとした。

注

（1）鵜沼裕子『近代日本のキリスト教思想家たち』「あとがき」、日本基督教団出版局、一九八九年。
（2）相良亨「植村正久と武士道」『植村正久著作集』付録6、日本基督教団出版局、一九六七年。

目次

序　章

方法的視座としての宗教体験——今後の研究への期待を込めて

日本プロテスタント・キリスト教史の研究は、太平洋戦争の直後にアカデミックな研究としての名乗りをあげた。（研究の上では、村岡典嗣による研究など、カトリックのほうが一歩を先んじていた。）すでに広く知られているので詳述は避けるが、その嚆矢《こうし》となったのが、隅谷三喜男著『近代日本の形成とキリスト教』（一九五〇（昭和二五）年）である。本書は、「社会科学と福音との接点からキリスト教の歴史を解明」（同書「はしがき」より）[1]することを目指したもので、日本のキリスト教の研究が学問として成り立つことを示して若い学徒らに多大な刺激を与え、小著ではあるがこの分野の研究の幕開けを告げる名著として、現在もなお広く読み継がれている。

本書のアカデミックな功績は、著者独自の方法論にもとづいて研究対象を体系化したことにある。日本キリスト教史に関する文献は戦前にもあったが、多くは、諸教派や各個教会の年代記的な記録、著名な個人の伝記、資料集等であった。ところが隅谷の同書は、前掲の文章からも窺《うかが》い知れるように、著者が専門とする社会科学の手法を用いて当代のキリスト教の特色を解明したもので、明確な方法論に則った業績を得たことで、ここに日本キリスト教史の研究は、ようやく学問世界に市民権を得ることとなったと言えよう。（なお本論集でキリスト教という場合、特に断らない限り、プロテスタント・キリスト教を意味する。）

さて一般に宗教は、個人の内的な宗教体験と、体験的なものが教義や教会制度として整えられ客体化されたかたち、あるいは社会的実践として外化されたありよう、という二つの側面をもつであろう。後者、すなわち信仰の外化の第一は、信仰の内容が普遍性を目指してロゴス化された信条や信仰告白、あるいは知的作業を通して体系化された神学的著作、また教会制度のあり方やその歴史的展開などであろう。第二の社会的実践としての信仰の外化とは、日本の場合で言えば、例えば教育や社会事業など、変転する近代社会の中でキリスト教が果たした役割がそれである。

ところで、これまでの日本キリスト教史の研究では、概して後者、すなわち宗教的体験が何らかのかたちで外化された側面に、もっぱら関心が注がれてきた。ことに草創期の研究においては、近代日本が抱える〝前近代的迷妄の残滓《ざんし》〟との対比において、宗教改革に遡り、アメリカ経由で移入された福音主義的なキリスト教の価値観こそが、時代をリードするに最もふさわしい世界観であることが強調され、父祖伝来の土俗的な習俗や、「神聖天皇」に無私の態度で仕えることを命じる臣民道徳が、近代的なキリスト教の価値観によって批判的に克服されていくありようを歴史の中に跡づけることが、思想史研究者に託された使命であると受け止められた。事実、例えば内村鑑三がキリスト教信仰を獲得することで八百万《やおよろず》の神々への信仰から脱却したり、植村正久が「教育勅語」への追従的態度を批判して、唯一神に対する良心から行為する人格の尊厳を説いたことなどに代表される歴史的事実が存在する。そうした「近代性」は、基本的には研究対象そのものに内在する顕著な特質であったが、ここで確認しておきたいことは、同時にそうした歴史的事象を跡づけ、その意義に光を当てることが、戦後民主主義時代を草創期とする当該研究分野の研究者らにとって、第一義的な関心であり課題であったということである。そしてそうした姿勢は、基本的には現在もなお継続していると言えよう。また教義、教会制度やその歴史、神学思想等の研究にも、地道かつ多様な研究の蓄積が見られる。

さて上記の諸研究では、核となる宗教体験的なものが全く看過されていたわけではなく、相応の言及はされているが、宗教制度や宗教的行為の源泉である体験そのものに光を当て、それへの理解を深めようとする姿勢は、どちらかと言えば乏しかったと言わねばならない。ただし先にも述べたように、このことは研究対象そのものに内在する制約でもあった。例えば田村直臣の、「私が基督者になったのは別に深い確信があった訳ではなく、何処までも国家的で、霊的な基督教の味はまだ少しも味わって居らなかった。単に基督教は、文明国の宗教である、依って神道や仏教やは駄目だ。基督教でなくては、欧米の如く文明になられないとか云《い》う様な点にのみ心を執られて居った[2]」というような「告白」は、当代の多くの青年キリスト者の入信理由を代弁していると言えようが、入信動機についてのこのような表白から霊的な宗教体験に思いをめぐらすことはまず無理であろう。加えて、宗教的体験に不可避的に伴う非合理的な要素は、むしろ近代的合理性に反するものとして、禁欲的に、あえて言えば意図的に排除されてきたかの感さえある。しかしながら、何らかの宗教的経験を核としてもつという、宗教そのものの本質に照らして考えるなら、キリスト教の場合にも、その歴史の検証には、まずその根源である宗教的体験そのものに迫ることが不可欠ではなかろうか。

ここでわれわれは、宗教的事象の核となるのは個人の宗教的経験であるという言説にあらためて注目したい。宗教学者の戸田義雄は、W・ジェイムズが『宗教的経験の諸相』において、個人の宗教体験を既成の「制度的宗教」と区別して「個人的宗教」と呼んだことに言及しつつ、時代の進展は一見すると宗教の役割を狭めてきたかのように見えるが、それは実は、宗教の場が人間の内面に特定されてきたことを意味するものであるとして、次のように述べている。「〔時代の進展、文化の発達とともに・鵜沼〕内心における宗教的体験が主要な関心事となり、宗教の重心は直接に心の上に移って来た。否、宗教的体験は、宗教の発生以来、その核心的要素であったが、〔たとえば科学の代替物としての呪術、司祭者による為政などといった・鵜沼〕他の要素の脱落によって、はっきりその姿を現わしたともいい得よう。『宗教とは何ぞや』の問いを掲げて宗教に向わんとするものは、教理にも非ず、宗教の組織にも非ずして、単刀直入に、宗教の体験、人間的な営みとしての宗教の事実に突入する必要がある。それが宗教を知る最もよき道であり、宗教生活の出発点でもある(3)」。

今われわれは、宗教の心髄とは、既成の宗教団体に加入したり、宗教的背景をもつ何らかの社会的活動に参与したりすることではなく、個人としての宗教的体験そのものにあるという、きわめて当然の事実にあらためて立ち返らねばならないのではなかろうか。宗教の本質をそのようなものとして見定めるなら、キリスト教という宗教の研究にとってもその第一義的な課題は、その外的な「衣裳」を点検するだけではなく、まず核となる「宗教の体験」、「宗教の事実」に「単刀直入」に迫ることでなければならないであろう。

ところで、日本倫理思想史学者である相良亨の著書『日本人の心と出会う』に次のような一節がある。

私は今あらためて人類が長い歴史を通じて、人類を超え包むものを求めつづけてきたことを思う。人は己を超えつつむ絶対の前に立つ時にはじめて、己を律することになるであろうと思われる。時に、日本人は無宗教であるといわれるが、それは全体としては既成宗教の何れにも属しないという意味以外のものではない。己の死を考えない者はないであろう。それだけでも人間は人間の有限性を思わないではおられない。何らかの〝大いなるもの〟を心の底に思わないものはいない。ただ今は既成宗教が権威を失い、〝大いなるもの〟も失われたと思われるかもしれない。しかし……〝大いなるもの〟は既成宗教の崩壊の後にむしろ姿を現わすものである。(4)

これは、戦後日本の道徳の荒廃を案じる文脈で語られたものであるが、特定の宗教に帰依しない立場から、宗教を「人間を超えた大いなるもの」（それは、いわゆる人格神的なものに限らない）への畏れと表白するこの言説に触れるとき、われわれは既成の諸宗教に通底する「超絶者」に思いを馳《は》せざるを得ない。われわれキリスト者としては、「既成宗教」としてのキリスト教の教義や典礼を通じて、その根底にある「大いなるもの」に触れるのであり、その体験こそが、宗教の根幹を形作るのであると言えるのではなかろうか。

ではわれわれが、神についての思弁的な議論や、信条や教会制度、既成の宗教的組織としてのキリスト教、さらにはキリスト教的社会活動等ではなく、それらの根底にある「宗教体験」そのものと直面しようとするとき、そこではどのような内実と向き合うことが予想されるであろうか。

その第一は、宗教のもつ非日常的、神秘主義的な要素である。岸本英夫は（宗教学の立場からであるが）「宗教現象は、人間の生命拡充の営みの一面」であるとし、宗教的態度が内的に深化徹底されていくにつれて、「自我を超えた、大いなる何ものかを感得したという心の歓び」が生まれ、そこに新しい精神世界が拓けてくるのであるという。そして、どのような宗教においても、そうした内向性に徹していくとき、そこには神秘主義的な傾向が現れてくると述べている。(5) これをキリスト教の場合に即して言えば、「自我を超えた大いなるもの」としての超絶的な神を感得することによって、岸本の言う「宗教神秘主義の核心」をなす「特殊な、強烈な、心の歓びの自覚」が生じる、ということになるであろう。「最早われ生くるにあらず、キリスト我が内に在りて生くるなり」（ガラテヤ書二・二〇、文語訳『新約聖書』）というパウロのキリストとの彼我一体感は、まさに岸本の言う神秘主義的な境地の体現でありその表白であると言えるであろう。

しかしながら日本のキリスト教、特にプロテスタントの場合、宗教的体験によって覚醒される心情、内的な歓喜が、「神秘性」あるいは「非合理性」として自覚され表出されることは稀《まれ》であった。例えば植村正久の言う「超自然」は、一見すると合理性を超え出る非合理的世界のようにも思われるが（彼は自然界を超越する世界を「超理の郷《スーパー・ナチュラル》」〈超自然〉と呼んで、これを神の配下にある世界とした）、岸本が前掲書でR・オットーの見解を援用しつつ言うように、「合理的と対立するかに見える超自然的は、それが知的所産という限りにおいては、実は、合理的の一変形たるに過ぎない」（傍点原著者）のであり、あくまでも合理的思考の枠内のものであったと言うべきではなかろうか[6]。

だがそれは、もともと日本のプロテスタントの世界が「神秘的なもの」や「非合理的なもの」と無縁であったからというよりは、すでに述べたように、そもそも研究者の側に、そうした側面に光を当てようとする関心が乏しかったことにもよると思われる。しかし今、そうした視点から近代日本のキリスト教を見直すなら、今まで埋もれていた豊かな水脈が新たに発見されるのではなかろうか。例えば、クエーカー主義については、これまでは総じて礼拝形式の特殊性や平和運動への参与などの記述に重点が置かれてきたが、右のような関心から見ていくなら、同主義に潜む深い宗教性が、新たに立ち現れてくるのではなかろうか。また、従来の方法的視点では網にかかりにくかった、カトリシズムやハリストス正教会などをも含めたキリスト教史上の豊かな遺産が掘り起こされてくるのではないかと思われる。

宗教的体験に「単刀直入」に「突入する」ということのもう一つの側面は、人間の意識の深層に分け入ることを意味するであろう。人間の宗教的な営みの源泉が無意識という深層にあるということは、C・G・ユングの指摘したところであるが、近年、人間の「深層領域」への関心は、心理学のみならず歴史学、思想学、民俗学など文化のさまざまな相の領域の探究においても見られるという。一例をあげれば、湯浅泰雄はユングの影響のもとに、歴史のメカニズムを人間の無意識レベルから解明する「歴史心理学」の方法を提唱し、その方法によって西洋精神史、日本思想史の叙述を試みている(7)。

こうした動向に鑑みるとき、今後は日本キリスト教思想史にもそうした視点からアプローチする研究が試みられてよいであろう。そこではおそらく、現代のスピリチュアリティへの関心とも連動して、精神医学者や臨床心理学者との協働も求められるようになると思われる。実は、こうした方法的視点への筆者の関心は、本書に収録したそれぞれの論文を執筆した頃には、まだそれほど明確な輪郭を取っていたわけではなかった。それ故、各論文は総じて内向的な関心に貫かれてはいるものの、上記のような方法的視点から作成したものではない。それ故、こうした視点で日本のキリスト教思想を解明していくこと、そして、個人の宗教体験および信念がどのような行動様式として現れ、それが社会にどのような影響を及ぼしていくかを問うこと、すなわち内的な宗教体験とそれが外化されたかたち、ありようとを統一的にとらえる視点を探ることは、今後の日本キリスト教史研究者に託したい課題の一つと考えている。有能な若手研究者の仕事に期したい。

なお最近は日本キリスト教史の分野でも、例えば回心の問題など、宗教体験の深みにメスを入れる研究も現れ始めている。また、そうした視座に立つ研究は、史学よりもむしろ宗教学のほうに多く見られる。

注

（1）隅谷三喜男『近代日本の形成とキリスト教』新教出版社、一九六一年、三頁。
（2）田村直臣『信仰五十年史』、鈴木範久監修『近代日本キリスト教名著選集　第3期（キリスト教受容史編）23』、日本図書センター、二〇〇三年、二四頁。
（3）戸田義雄『宗教の世界』大明堂、一九七五年、六頁。
（4）相良亨『日本人の心と出会う』花伝社、一九九八年、一〇頁。
（5）岸本英夫『宗教神秘主義――ヨーガの思想と心理』大明堂、一九五八年、二〇―二七頁。
（6）同上書、三二頁。
（7）湯浅の歴史記述は基本的に「歴史心理学」の方法に拠っている。例えば、湯浅泰雄『ユングとヨーロッパ精神』湯浅泰雄全集第四巻、白亜書房、二〇〇三年、『ユングとキリスト教』同第三巻、二〇〇二年、『日本古代の精神世界』同第八巻、二〇〇〇年など。

参考文献

William James, *The varieties of religious experience: a study in human nature*. W・ジェイムズ『宗教的経験の諸相』上・下、桝田啓三郎訳、岩波書店、一九六九・一九七〇年
鵜沼裕子「キリスト教」（Ⅳ日本思想史へ――ガイダンス）、『日本思想史講座5』ぺりかん社、二〇一五年

第一章

植村正久における文学と信仰

はじめに――問題の所在

植村正久が文学に並々ならぬ関心を寄せ、文学に関する文章を数多く残していることは、植村を知る人々の間では広く知られているところである。そのことは、植村が単に知的な論理だけの人ではなく、感性を大切にした人でもあったことを物語るであろう。彼が愛読した書物には広範にわたる東西の文学書が含まれていたという。また文章家としてもすぐれ、讃美歌や旧約聖書詩編の翻訳等に名訳を残していることでも知られる。ことに英文学に関する造詣は単なる〝片手間〟の仕事の域を越えたもので、斎藤勇によって「英国の詩人ブラウニングを（日本に）最初に紹介したのは植村であろう[1]」とされて以来、彼の名は日本における英文学の移入史の上でも欠かせないものとなっているようである。

文筆を通しての伝道にも意を用いた植村としては、当代の文学の力に侮れないものがあることを察知し、この方面についても一言せざるを得なかった、という事情もあったかもしれない。しかしながら、植村が文学関連の叙述に込めた熱意、そのために費やした時間、労力から推し量るなら、やはり「文学」は彼の世界全体の中に、ひとつの場を占めるものと解釈すべきであると考える。

本論は、植村正久の文学論ないし文学観そのものを取り上げて、その内容の当否を吟味したり、近代文学史上の功績を論じたりするのではなく、「文学」が植村のキリスト教信仰にとってどのような意味をもったかを問い、彼の世界全体における文学の位置づけと意義の検討を試みるものである。

まず本論に先立って、植村の文学観そのものについて一言しておきたい。

一九世紀イギリスの詩人マシュー・アーノルドの言葉を借りて植村は、文学についての自己の主張を次のように述べている。

詩は生命の批評なり。その目的は高尚なる思想を人生に適用せしむるに在り。(2)（「詩人論」『植村正久著作集3』、一四頁。以下、著3・一四と略記）

文学をめぐる植村の見解はきわめて明快であり、その骨子を述べるには多言を要しない。彼の主張は、一言で言えば、すぐれた文学は高邁《こうまい》な思想に裏づけられたものでなければならず、文学の目的は、人心を崇高な善美の世界に向かわせることにある、というものであった。文学者について彼は端的に、「真正の文学者には真正の徳義を要す」（「文学者と徳義」著3・一一）、あるいは、「美術家は善人たるを要す」（「美術と道徳」著3・二〇）と言い切る。また文学の「効用」については、例えば、「人世は陳腐なり、平凡なり、醜陋《しゅうろう》なり、かかる生活を営めるがなかにおいて、善美秀妙なる理想界を現出し、あたかも闇夜に燈光を望むがごとき想いを懐かしむるは、美術の本領にてあるなり（「実際と理想」著3・三二）、あるいは、「文学の要は、高大尊貴なる思想を、厳かに、且つ美《うる》わしく、発露してもって、人生に応用せしむるに在りとす」（「今日の文学」著3・八一）などという言葉が、植村の文学観を端的に表現していると言えよう。伝道を自らの天職とした植村にとっては、文学もまた広い意味でキリスト教伝播《でんぱ》の一翼を担うものでなければならなかったのである。

とはいえ植村は、決していわゆる宗教臭味の芬々《ふんぷん》とした文章や、単純な因果応報、勧善懲悪的作品を良しとして、これを伝道の一助としようとしたのではない。植村の文学観は、基本的には「宗教家の文学観」の枠内のものではあったが、文学を単純に心境の表現や伝道の一手段と見るものではなく、文学固有の価値とその独自の意義の正当な認識にもとづくものであった。(4)

本論の目的は、伝道者であり神学思想家であることを第一義とした植村にとって文学とは何であったのかを問い、文学のもつ意味を、植村の世界全体の中で問うてみることにある。そのことは、すでに多彩な広がりをもつとされている植村の世界に、さらに新たな一側面を加えることにつながるであろうと考えるからである。(5)

一　文学とは何か

植村正久の処女作『真理一斑』は、明治初期に進化論の移入に触発されて東京大学を中心に広まった無神論、不可知論的思潮に対して、有神論の真理性を弁明することを目的として執筆されたもので、形而上学的論理を駆使した論述の仕方が、時代に先駆けたものとして注目され評価されてきた、日本キリスト教史上の古典的著作である[6]。

ところで、本書が決して論理的思弁一色に貫かれた思想書ではなく、情感溢《あふ》れる詩情豊かな文学的表現に彩られていることも、つとに諸家の注目を集めてきたところである。すなわち植村は、単に文学関連の評論を書き残しているだけでなく、こうした思想書の中でもすぐれて文学的な表現を用いているのである。しかもそうした語り方が、量的にも本書のかなりの部分を占めていることからも、思想の表出における「文学的表現」の使用は、単に読者の心情に訴えるためのテクニックにすぎぬものではなく、実は神学思想家植村正久の特質に、深いところで関わっているのではないかと思われる。ではそれはどのような仕方においてであろうか。まず文学の本質についての植村の見解に聴くことから始めよう。

詩とは何の謂《いい》ぞ。物に触れ、事に当たり、情熱し、感極まるときは、通常の言語をもって、直接にこれを述べ尽くすこと能《あた》わず、ここにおいて止むを得ず、此《これ》［詩・鵜沼］を借り、興に訴えて、間

接にこれを言い出《い》でんと欲す、これ実に人の天性に発するものなり。（「詩人論」著3・一二）

この文章は、直接には詩とは何かについて述べられたものであるが、ここには狭義の詩に限らず、広く文学一般についての植村の見解を読み取ることができると考えてよいであろう。冒頭は本居宣長の「もののあはれ」論を想起させるような言い回しであるが、人生のさまざまな事柄に触れて心が動き、感極まるとき、その感興そのものは説明的・論理的な言語表現をもってしては覆い尽くせない。あるいは、散文的な言語化に伴う思索や反省を経たとき、事に触れた刹那の新鮮な感興はすでに色褪《あ》せているであろう。したがって、情動のとっさの的確な表現は、詩というかたちを取らざるを得ない、というのが植村の考えであった。(7)

さらに、「およそ情意溢れて、通常の言語を頼まず、間接(8)にこれを発出するものは、みな詩の成分を含めるもの」（著3・一二―一三）であると言われる。その意味で詩は「人の天性に発する」ものであり、「詩の心」は万人に生得のものなのである、すぐれた詩人としての資質は選ばれた個人のものであるが（植村は文学の技巧や芸術性そのものについては語らない）、詩の心そのものは万人に備わった、いわば天性なのである、ということであろう。このように詩とは植村にとって、万人の心の深奥にある思いのおのずからの発露であった。さらに言えば、事に触れて心動かされたときに、まず表出されるものは思想的言語ではなく詩なのである、ということになるであろう。

詩の心はまた、時に言語化される以前の行為のうちにも感得することができるという。植村は、桃山時代の武将・柴田勝家が、敵に城を包囲されて水路を断たれ、死を覚悟して打って出ようとしたとき、家臣らの眼前でわずかに残った水の器を壊し、決意のほどを示したという故事をあげて言う。「勝家の感慨と決意とは、この思い懸けなき挙動により、単純なる言語をもってするよりも明らかに且つ深く貫徹したるならん。これをもって一の詩行となるべきものにあらずや」（著3・一三）。勝家のこの行為は、千言万語を費やすにも勝って、人々の心底に訴える力をもったであろう。全人格を賭した深い思いに発し、人心の奥底からおのずと押し出される行為は、それ自体が詩情を宿すのであり、詩の種子である。われわれが詩と称するものは植村にとって、「一の特殊なる文字言語の上にこの精神の発表したるに過ぎざる」（同上）ものなのである。

二　文学と人間性・信仰

さて、植村において詩の心、すなわち文学が人間性にとって生得的なものと見なされているということは、彼の人間理解全体の中でどのような意味をもつのであろうか。

大内三郎は、植村正久の多面的な活動を貫く統一性を、人間理解の側面から次のように再構成している。

植村は人間を、知・情・意という三つの働きの統合体としてとらえていた。この三者を人間の意識の働きとすれば、それぞれが向かう対象は、真・善・美という三つの価値領域である。意識とその対象の三分法自体は、すでに西洋哲学の紹介者である西周によってもたらされていたので、こうした理解そのものを植村の功績に帰することはできないが、われわれの興味を惹《ひ》くのは、この新しい人間理解が、植村の信仰の中に独自の仕方で生かされているということである。植村は言う。

信仰はただ感情だけの作用にあらず。心の全体に通ずるの活動なれば、情動き意定まり思想［知・大内］これに従って明らかならずんばあらず。智情意の三者具足せざれば、真正なる宗教とは言い難し。（「信仰と教理」著6・一一九）

人間の心の働きは知情意の三者からなり、それらを統一するのが人格である(9)。そして信仰は、これら三者が共に働くところに成り立つ。しかも信仰とは、知情意のいずれにも偏るものであってはならず、この三者が均衡を保ちつつ働くものでなければならない。すなわち信仰とは、人間性の円満な働きにもとづく全人的な営みなのである。そのような信仰にもとづくものでなければ、「真正の宗教」の名に値しない、というのが植村の一貫した主張であった。以上が大内の理解の概要である。

植村正久がその活動、特に伝道において、とりわけ知の働きを重視した人であったことは広く知られ、大方の承認を得てきたところである。信仰というものは知の働きにより論理を媒介に表現されるとき、初めて他者に対して伝達可能なものとなる。彼は言う、「智力信仰の一要素たらば信仰はまた論理に合《かな》わざるべからず。かくありてこそそれを己れ以外の公衆に訴えてその首肯を得べきなれ。宗教は決して没論理のものにあらず」(「信仰にも論理あり」著1・一一八)。キリスト教の真理性は、必ず論理によって弁明され得るものであり、決して論理性を無視するものではない、という確信は、植村においてゆるぎないものであった。

だが、言うまでもなく植村にとって宗教の真理性は、決して論理の力だけで弁明し尽くせるものではなかった。信仰とは、「人心全幅の活動」であり、「心を」尽くし、精神を尽くし、力を尽くして、主なる神を愛し、これに信任することである。それゆえ信仰においては、「霊性の一部活動して、他の部分の不随なるがごときこと」があってはならないのである(著1・一一七)。

ところで、植村が信仰における知の働きの重要性を強調するとき、そこには、啓蒙《けいもう》的知性へのゆるぎない信頼という時代の精神を読み取ることができようが、同時にそこには、信仰をもって単なるリヴァイヴァル的な精神の高揚と同視し、宗教における知的作業の側面を蔑することへの批判をも窺《うかが》うことができる。彼は言う、「吾人は今日において実験の甚だ重んぜらるるを見て大いにこれを喜ぶといえども、智力の蔑《ないがし》ろにせらるるを見ては実に深慨に堪えざるものあり」(著1・一一七―一一八)。単なる精神の一時的な高揚、感情の衝動的な高まりだけをもって信仰であるとするなら、宗教は迷信、あるいは現実逃避の神秘主義に陥るのである、と彼は言う。情とは、理性を欠いた、単なる無分別な情動と同一視されるようなものではないのである。

では植村にとって、「人心の全幅の活動」の一つとしての情、知情意の情の領域の内実とは何であったのだろうか。いまここに、植村の言う「詩の心」配置し、かつ「真正の文学」を解し創造する力をもって情の内実と理解するなら、ここにこそ植村正久のキリスト教世界の全体像が十全な姿で立ち現れるのではなかろうか。「詩の心」は、情という人格構成の一機能として人間性の深奥に根ざし、人格において中枢的な場を占める。そこから生じる想像力の成果は美の領域において発現し、知的活動や意志の力と相まって「真正の宗教」、「完全な信仰」を生み、ひいてはおのずからキリスト教伝播の一翼を担うものとなるからである[10]。

三　文学の使命

このように、植村正久において「詩の心」は、「人心全幅の活動」としての信仰において、不可欠の場を占めるものであった。そこで次に、詩の力が植村の信仰とその表現にとってもつ意味について、少し考えてみたい。

植村が、宗教の念が人間に生得的なものであり、それゆえ人は無限者、永遠性を渇望してやまない存在である、という確信をもち、キリスト教の真理性を弁明するにあたってしばしば「宗教の念の普遍性」から説き起こしたことは、よく知られているところである。『真理一斑』の冒頭の一節はその典型的なものであろう。

人類の最も尊貴にしてよく万物の首長たる所以《ゆえん》のものは、現に己れの有する所をもって足れりとせず、目を殊絶高遠の境界に注ぎ、望みを妙奥なる理想に属するに在り。これを略言すれば、宗教の念は人に在りて、至貴至尊の者なりとす。（著4・九）

このように書き出しつつ植村は、それゆえに人間は、望みを至高至善の存在である神に託し、それによって初めて精神の充足を得るのである、と説き及んでいく。

さて、「宗教の念」が人の天性に根ざすものである、という主張は、いわば人間一般のレベルでの言説であるが、そこに「志」が介入してくるとき、植村のキリスト教理解は彼独自の実存的な展開に入る。植村は、人が至高至善の存在者に向けて自らを高めようとする克己の姿勢を「志」と呼び、人は「ただこれ有るがために」神に嘉《よみ》せられ、受け入れられるのであると、神と人との接点を志に見いだした（「志と信仰」著1・一八九）。

いま植村の世界において、志が「意」の領域における自己と神との接点であったとすれば、「情」の領域においてその任を負うものは、「詩の心」に求めることができるであろう。植村にとって詩、すなわち文学は、陳腐で醜悪な現実に、あたかも闇夜に射し込む光のように「理想界」を現出させる力をもつ。「美術」は、「永存不変なる真実の存在を開示」する。それが可能となるのは、真正の「美術家」にとってはその営為の活力源が「独一の活神」のインスピレーションにあるが故である（以上、著3・三二一—

三二）。あたかも志が神性と人性との接点であるように、「詩の心」、そしてその創造になる文学は、理想界と現実とを結ぶ紐帯《ちゅうたい》として、人心を至高の存在へと高めるのである。

ところで、「詩の心」が人の天性に発するものであるとしても、それは常に万人に発現するとは限らない。それは「事に触れ、情熱し」たとき、あるいは天賦の才のある者によって歌い出されかたちをとったとき、詩となり文学となる。しかしながら、作品化された「詩の心」は、そのすべてが天来の光を宿すものであるとは限らない。そこには、単に醜悪・汚辱に満ちた現実を実写するだけのものも多いのが事実である。そこで、植村の言う「真正の文学」とは何かということと、その人生における使命とはどのように考えられていたのか、ということが問われねばならない。

まず、植村が評価を与える文学とはどのようなものであったのか、ということであるが、本論の冒頭でも述べたように、彼の文学観は、真正な文学とは人を高邁な理想世界に導くものでなければならない、ということに尽きると言ってよいであろう。先に引用した、「真正の文学者には真正の徳義を要す」という語に続けて植村は、文学者に向かって、世にへつらうことなく高潔な精神をもって真理を語れ、と呼びかけている。「汝常に眼を天に注げ。しかしてその高き所より享《う》け得たる、純潔正大なる精神をもって、人生の改革者となり、先導者となり、預言者となるべし」（著3・一二）。植村の文学観はこのように、ある意味で単純なまでにきわめて明快なものであった。自分（植村）は、人をして悪を憎ませ正道に導くことに写真文学（写実主義）の意義がある、という彼らの主張をあえて否定するものではない。しかし、「余輩は不徳、不潔なる事実の泥濘《でいねい》に妄《みだり》に人を投げ入れて、これを善良の道に至らしめんとするの得策なるを疑う。誰《たれ》か濁水を滌《すす》ぎて清潔を図らんとするものあらん。また誰か妄に醜を画きて美妙の資に供せんと思うものあらん」（「写真文学」著3・八五―八六）と、写実主義に対し手厳しい批判の言葉を浴びせ、これへの嫌悪の情をあらわにしている。

もう一つ興味深いことは、植村は、いかに文学性が高く深い宗教性を湛《たた》えた作品であっても、人を脱世間的、厭世《えんせい》的な気分に追い込むような文学には評価を与えていない、ということである。植村は、いわゆる花鳥風月を愛でる「日本流の詩画」の価値を一応は認めながらも、そうした「仙人的の文学」は「真に永久の利益を人類社会に与うべきものにあらず」と断ずる。そして『源氏物語』も例にあげて、日本の歌に「恋情を詠じたるもの」が多いことの弊害を嘆き、次のように結論づける。「これを要するに日本歌は健全なる人類的の分子に乏し。中には人情に切なるものなきにあらざるも、十中の八九は厭世の病に罹れるをもって、世道を害すること大いなりと言わざるべからず」（「詩人論」著3・一四）。また西行についても、その世界に一定の共感を表しながらも、結論的には、人に無常観を抱かせ、人生に希望を失わせるものである、と否定的な感想を述べている。同様に、美的表現を事とする文学も、植村にとっては、人生への積極性を欠いた、単なる美辞麗句の弄《もてあそ》びとしか映らなかったようである。こうした見解は、植村の信念からすれば当然のものとして理解できようが、文学論としては、ここにその限界を指摘することも可能であろう。

しかしながら植村は決して、キリスト教を直接の主題とした狭義のキリスト教文学のみを推奨したわけではなく、広く文学一般に対して人間生活への積極的な寄与を期待していた。その第一は、文学のもつ、物事の真実相に迫り、これを開示する力であった。彼は言う、「美術の当務は真実の存在を有する事物を開示して、仮相世界に執着する凡俗の迷いを解き、常住不変常に真実なる事物の本体を明らかにするに在りとす」（著3・五三）。またあるところでは、ショーペンハウアーの言葉を引いて言う、「美術の官能は、永在不変なる真実の存在を開示して、この塵俗の羈絆《きはん》より人を救い出すに在り」（「実際と理想」著3・三三）。あたかも人間性に生得の宗教心が超越界を開示するように、「詩の心」から生まれる真正の文学は、「真実の存在を開示」することによって人心を超越界へと導く。「志」が神性と人性との接点であったように、「詩の心」は現実と理想界を結ぶ紐帯となる。かくして人は、真正の文学に導かれて理想界と交感することを得るのである。

「詩の心」はまた、万有に内在する美に対して人の目を開かせる力をもつ。この関連で植村が特に評価し推奨するのはワーズワースの詩である。植村は、全宇宙のたたずまいそのものに、神の善美なる創造の意思の貫通を見た。彼は言う、「世界の形勢《ありさま》を察するに、上は天文、下は地理人畜草木に至るまで、実に美を尽くし善を尽くしたるものにあらざるはなし。心してこれを見れば、あたかも一篇の文章、一幅の絵画を見るに異ならず」（『福音道しるべ』著5・一八）。これは一種の予定調和的、楽観主義的な世界観と言えようが、彼はこのように、単に山川草木としての自然のみならず、物理的な法則をも含めた万物に、「一篇の文章、一幅の絵画を見る」ごとくに創造主の意思を見る。そしてワーズワースの詩こそ、そうした宇宙美を開示する力をもつのであるという。ではそれは、どのような意味においてであるのか。

ワーズワースの詩が不滅の価値をもつのは、単にそれが卓越した描写力によって自然を精緻に描いている故ではない。宇宙は因果法則に貫かれた単なる無機質的物質的な世界ではなく、実は「霊なる意義をもって充満」している。「天地万有は多情多感なる詩歌」である。だが、「慣るるという恐ろしき銹《さび》に侵されて愚鈍になった人心には、日月も花も鳥も生彩を失い、風致を欠いて慌ただしく眼前を過ぎて行く単調な世界に堕している。しかし、と植村は詠嘆を込めて言う、「ああもののあわれ！　これいかなることぞ。誰か天地を無情なりと言うか。物界は霊なる意義をもって充満せり」（「自然界の預言者ワーズワース」著3・二八二）。

そうした現実にあって詩人の高貴な魂は、自然界に潜む美を洞察しこれを人に開示して、自然と人心との交感を可能とする力をもつ。そしてワーズワースの詩こそ、自然に向けられる高貴な魂と、自然に対するすぐれた描写力との協働が生んだ作品であり、その真価は、「美に動かされたる情感及び感情の彩色に染まりたる思想を描き出」したところにあるのである、と述べる。彼の詩は、「最も善く自然界の意義を発揮し、その間に含蓄せられたる真理を闡明《せんめい》し、天下の人をして意外の点に大道の存するを知らし」（著3・二八〇）める。文学によって息吹を与えられるとき、自然は霊化する。かくしてすぐれた文学は、人々に造化の奥底に潜む真実相、神の聖旨を開示するのである。

第三に注目されることは、冒頭にも触れたように、植村が文学に秘められた、論理の力の及ばない感化力に注目していたことである。しばしば指摘されるように、『真理一斑』において植村は、有神論の真理性の弁明に、論理の言葉だけでなく情緒的・文学的な表現を多用している。しばらくその辺の消息を見てみよう。

植村によれば、人が「無限の永在者」に思いを馳《は》せざるを得ない心境に至るのは、「己が力の限りあること」、自らが有限な存在であることを自覚するときである。人は己の脆弱《ぜいじゃく》さや、自己の命に限りのあることを悟るとき、人に生得的な「宗教の念」の故に、無限者との「交親相愛」によって永遠性に連なることを渇望する。そして、現実世界のはかなさ、頼りなさへの自覚を呼び覚ますために植村は、論理によらずむしろ情意に訴える手法を用いるのである。

例えば、有名な『方丈記』の書き出しの、「ゆく河の流れは絶えずして、しかももとの水にあらず。淀みに浮かぶうたかたは、かつ消えかつ結びて、久しくとゞまりたる例《ためし》なし。世の中にある人と栖《すみか》と、またかくのごとし。……朝に死に、夕に生るゝならひ、ただ水の泡にぞ似たりける」(11)という一節を引いて植村は、人は「限界に制せられ、甚だ不完全にして独立することを得ざる者」、「西哲のいわゆる万有中のもっとも脆弱なるもの」であるので、いかに深遠な思想や深い愛を抱いても、現実世界の中でのみ理想を成し遂げることは不可能であることに思いを向けさせる。さらに、人は「絶望の域に彷徨《ほうこう》し」、「猜忌《さいき》の途」に苦しむものであることを同様の筆致で説き重ねつつ、一転してそれが、「わが霊性の妙なるここに一個の意相を生起するときは、必ずしも《ママ》これが対偶を思い起こさざるを得ず、吾人は己れが限りあることを知るときは必ずその対偶なる無限の存在者あることを知る」と、現実を超えた存在者の想起へと人心を促すのである。こうした詠嘆を込めた説き方が、論理の言葉と合わせて豊富に用いられていることは、植村が宗教家として、自らが確信する真理へと人心をいざなうには、単に論理による説得だけではなく、知情意を併せもつトータルな存在としての全人間性に訴えねばならぬことを自覚的に認識していたことを窺わせるものであろう。思うに、伝道者としての植村が文学を重んじたのは、一つには、喜怒哀楽の情や人心の機微への同情や共感を呼び起こすという、文学のもつ力をよく理解し、これに期待したからではなかったか。植村は、「唯《た》だ精細なる言［論理的、思弁的な言葉・鵜沼］を以てしては徹底し難き真理も、之《これ》を物語りに描かば、暁《さと》り得て明かならん」（「テニソンと其の詩の一斑」『植村全集第七巻』、一三四頁）[12]ということ、すなわち「物語」は、知的論理的言語に勝って読む者の琴線に触れ、人を動かす力をもつことを知っていたのである。

　同じく『真理一斑』の中に、愛の神は「惻隠の心をもって人を鼓吹する」と言われている箇所がある。惻隠とは、「他人の不幸な状態を哀れみ同情する心」（三省堂『漢辞海』）である。仮に幼児がまさに井戸に落ちようとしているのを見れば、人は誰しもおそれ驚くであろう。これが惻隠の情である（孟子）。神の愛は、人間が置かれた悲惨な現実に対して、まさにこのような情として発動する。逆に、人が惻隠の情をもつことは、神の性が愛であることの証しなのである、と植村は言う。また彼はある人に語って、「君、平家物語や源平盛衰記は勇ましい軍記物じゃないか。けれども文学の妙味は寧《むし》ろ悲哀のところにあるだろう。蓋《けだ》し悲哀は人生の事実で、この世は罪悪によって呪われたのだから、それを読んで識らず識らずわが身の悲しみを（思い）やるので、それで面白いのだよ」[13]と言ったという。「悲哀は人生の事実」という感慨を、厳格主義的《リゴリスティック》で常に高みを目指した植村から聞くことは興味深いが、植村にとって文学の意義は、まさにそうした人生の現実に思いを向けさせ、共感の念を喚起させるところにあった。文学は、人をして「人世の事実」を同情・共感をもって受け止めさせる力をもつ。文学の力を介するとき、人は、悲哀に満ちた現実に惻隠の情として発動する神の愛を、全人的に体得することを得るのである。以上に述べたことを植村自身の言葉で約言するなら、それは、本論の冒頭に引いた次の言葉に凝縮されていると言えよう。

文学の要は、高大尊貴なる思想を、厳かに、且つ美わしく、発露してもって、人生に応用せしむるに在りとす。（著3・八一）

おわりに

以上、植村の世界において「文学」がどのような意味をもつかについて、若干の考察を試みた。文学をめぐる植村正久の発言は、これを植村の世界全体から切り取って独立した文学論として吟味検討するなら、それは基本的には「宗教家の文学観」にとどまるものであり、その限りそこにはさまざまな限界を指摘することが可能であろう。例えば植村の世界では、信仰において罪が「志」の貫徹自体を妨げる力ではなかったように、人間性一般においても、罪の介入が天性の詩の心を阻害したり汚したりすることはあり得なかった。例えば先述のように、文学作品においてあえて人間性の負の側面を抉《えぐ》り出し、それを作品の主題とするなどということは、植村にとって第一義的な関心事ではなかったのみか、むしろ文学としては邪道であり、忌避すべき態度と考えられていた。植村の心眼に映じた人間はあくまでも、どろどろとした本能や汚れた情念などに拘泥することのない、高尚な品性を核とした人間であった。文学固有の観点からすれば、このようなところにも植村の文学論の限界を見ることが可能であろう。

しかし、以上に試みたような植村の文学観の再把握が成り立つとすれば、植村の世界における文学は、これを彼の信仰的世界全体を構成する一契機と考えてこそ意味をもつものであった。そして彼の文学論の正当な意義は、そこにこそ見いだされるべきものであると考える。勿論、彼の文学論そのものを取り出して検討し、近代文学史や英文学の移入史の中に位置づけることは、それはそれとして意味のある作業であろう。しかし、その内容の当否をもって植村の文学論に価値評価（特に負の評価）を下すとすれば、それは植村の世界そのものの理解にとって積極的な意味をもたないのではないかと考える。

以上の考察が、植村正久の多彩な世界に、なお新たな一側面を見いだすことにつながれば幸いである。

注

（1）熊野義孝、石原謙、斎藤勇、大内三郎監修『植村正久著作集』第3巻（新教出版社、二〇〇五年）の斎藤勇による解説。同書、四四七頁。

（2）斎藤勇は、「生命」の原語lifeは、ここでは人生と訳すべきであると述べている。筆者もまた、植村の文学観から考えて、これは人生と解するほうが適当であると考える。『植村正久著作集』第3巻の解説参照。

（3）植村は美術という語を、絵画や彫刻等の造形芸術だけでなく広く芸術一般の意味で用いている。

（4）例えば亀井勝一郎は、島崎藤村を訪問したとき、藤村が植村を内村と比較して、「植村正久先生、あの方はキリスト教徒といっても、バイロンなどもよく認め、文学についてもよい理解を示しておられた方でした」と述懐したと述べている。さらに、「私（亀井）が藤村の述懐を聞いたとき、藤村は植村については懐かしそうに語り、内村については冷淡で、他人事のような調子のあったことを記憶している。おそらく植村の教壇上の話は、柔軟に魅力あるものであったのだろう。バイロンのような、キリスト教徒からは是認出来ないような才能をもゆるす寛容さに藤村は心ひかれたのであろう」としたためている。（『内村鑑三集　附キリスト教文學』の、亀井勝一郎による解説。日本現代文學全集14、講談社、一九六四年、四〇五―四〇六頁。）

ちなみに植村のバイロン評について一言すれば、植村は「厭世の詩人ロード・バイロン」で、厭世の情を余すところなく歌い尽くすバイロンの非凡な才に賛辞を呈しているが、結論としては、「（バイロンは）万物を摂理する上帝を知らず、已れを愛する天父を認めず、確乎たる理想を感得せず、人生の主眼を看破」しなかった（著3・一二五）、と否定的な評価を下している。

（5）大内三郎も、高倉徳太郎の証言や斎藤勇の指摘を引証しつつ、植村の活動の多面性を強調している。大内三郎『植村正久――生涯と思想』日本キリスト教団出版局、二〇〇二年、一五七頁以下参照。

（6）大内三郎の前掲書は、同氏の遺稿を鵜沼が整理して一本にまとめたものであるが、その際、使用せずに残った原稿の中に、イギリスの詩人・評論家コールリッジ（Samuel T. Coleridge, 1772-1834）が植村に与えた影響について述べたものがあった。大内はそこで、『真理一斑』の骨格となるキリスト教の真理の弁証に、コールリッジの影響が大であったと指摘している。その概要は次の通りである。

コールリッジは、文学史上、詩人として著名であるが、物質主義を排し、一九世紀イギリスのキリスト教思想にも影響を残したとされる。彼は一八世紀末にドイツに学んでカントを中心にドイツ観念論を学び、カント哲学から学んだ「悟性」と「理性」の概念を自らの思想の核とした。コールリッジによれば、「悟性」が経験科学的事象を認知する能力であるのに対して、「理性」は「超感覚の器官」として霊的宗教的真理を覚知する。『真理一斑』における植村の、人性に普遍的に内在する宗教心から始めて有神論の真理性に説き及ぶという論法は、コールリッジの考えに学んだものと考えることができる。

以上が大内の所説の概要である。なお大内も指摘するように、植村は「詩人コールリッジ」には特別な関心は寄せていなかったようであるので、以上のことは本論文の趣旨には直接の関係はない。しかし、大内の遺稿のこの部分を公にする機会は、少なくとも当面はなさそうなので、ここに簡略ではあるが紹介しておくこととした。

(7) 前記の引用文のすぐ後には、「生きとし生けるものいづれか歌をよまざりける」という、『古今和歌集仮名序』の一部が引かれている。

(8) 詩というものが、「物に触れ、事に当た」った時の「止むを得」ぬ感情の表出であるという趣旨からすれば、ここはむしろ「直接」と言うべきであるようにも思われるが、知的・論理的言語が思想の直接の表現であるという理解から、詩的表現を間接と言ったものと思われる。

(9) 大内三郎の前掲書は、知情意の背後に宗教レベルの活動に関わるものとして「霊性」を想定しているが、本論の趣旨には直接の関わりがないので、言及しなかった。

(10) 前述の大内三郎の遺稿でも、知情意の中の情に関わるものとして、文学が想定されている。

(11) 引用は、岩波書店『日本古典文学大系 第30　方丈記、徒然草』によった。

(12) 植村正久『植村全集第七巻』植村全集刊行会、一九三一—一九三四年。

(13) 久山康編『近代日本とキリスト教　第1（明治篇）』基督教学徒兄弟団、一九五六年、一〇九頁、高坂正顕の発言より。

参考文献　（注にあげたものを除く）

佐波亘『植村正久と其の時代』全五巻、教文館、一九六六―一九六七年
笹淵友一『浪漫主義文学の誕生』明治書院、一九五八年
佐藤泰正「植村正久と文学」、『福音と世界』、新教出版社、一九五七年
斎藤勇「植村正久論」、中野好夫、朱牟田夏雄、平井正穂編集委員『斎藤勇著作集　第七巻（キリスト教思潮）』研究社、一九七七年

第二章

内村鑑三における信仰と倫理——戦争と平和の問題をめぐって

はじめに

本論は、内村鑑三の倫理観について、戦争と平和をめぐる発言を素材として、その時々の信仰のありようとの内的な関連から考察することを試みるものである。特に戦争と平和の問題を考察の対象としたのは、内村がその生涯に体験した三つの大戦争（日清・日露・第一次世界大戦）に対する発言を、彼の信仰内容との関わりから考察すると、そこには信仰とそれにもとづく倫理的態度との関連をめぐって、さまざまな興味深い問題が潜んでいると考えられるからである。かつそれは、ひとり戦争と平和の問題に限らず、広く一般の倫理問題にも敷衍《ふえん》することができるので、現代のわれわれにも示唆するところが少なくないと考える。しかも、彼が人生で関わった諸問題の中でも平和問題への取り組みにとりわけ顕著な精力の傾注を見いだすことができ、当該テーマをめぐる発言は内村における「信仰と倫理」問題の総括とも言えると考えるからである。

はじめに、これら三つの戦争に対する内村の主張を概観しておきたい。

戦争をめぐる内村鑑三の態度については、日清戦争における義戦論から日露戦争開戦時の非戦論への変節が、「劇的な転身」として広く知られている。彼は、日清戦争を正義のための戦いとして支持したことへの反省を経て、非戦論者へと一八〇度の転回を遂げ、その後は一貫して非戦の立場を守り続けたとされる。

周知のように内村は、自分が「日清戦争義戦論」を猛省した主な理由は、日清戦争の国家目的をめぐる現実認識の誤りに気づいたためであったとしている。日清戦争をめぐって内村は、朝鮮に対する「支那」の態度を、「東洋に於ける一昇星」と期待される朝鮮に干渉してこれを「野蛮主義」に止めおこうとするものであると弾劾し、同戦争を、「支那」の圧政から朝鮮を解放するための「欲に依らざる戦争」、すなわち正義のための戦いであると主張した。しかしながら日清講和条約（下関条約）の結果、同戦争が実は朝鮮をめぐる日本と清国との利権争いにすぎなかったことが明らかになったとし、略奪戦争に終わった日清戦争を義戦として支持したことを深く恥じるに至る。

日清戦争の終結後もなおしばらく内村は、世には正義のための戦いもあり得るという考えを持ち続けていたが、日露開戦の是非をめぐる世の議論の高まりの中で、「凡て剣を取る者は剣にて亡ぶべし」（マタイ福音書二六・五二、内村訳）というイエスの言葉を引きつつ、あらゆる戦争を否定する態度を明確にするに至った。(「平和の福音(絶対的非戦主義)」『内村鑑三全集』一一巻・四〇四―四〇九頁。以下、全一一・四〇四―四〇九と略記)。それは、「余は日露非開戦論者である許《ばか》りでない、戦争絶対的廃止論者である」という、「絶対的非戦論」の立場であった(「戦争廃止論」全一一・二九六)。その内容は、殺すなかれ、汝の敵を愛せと説くキリスト教の信者であり、しかもその伝道者である自分が開戦論を主張するようなことがあれば、それは自己をも世をも欺くものである(「平和主義の動機」全一一・四一九)という有名な発言が端的に示すように、福音書におけるイエスの教えにもとづく簡明直截《ちょくせつ》な道義的平和主義であった。それは、「進歩」即「義」という信念に代わって、「平和」が新たな目的理念として登場してきたことでもあった。

ところでこの時期の内村は、「剣」による平和の実現には〝NO〟を突き付けながらも、人間の努力や英知の結集による平和招来の可能性にはまだ希望を抱いていた。彼は言う、もしも日本とロシアとが衝突するに至るなら、それは、利を追い求める両国の帝国主義の衝突であって、平和を愛好する両国の良民同士の衝突ではない。「爾《そ》うして此《この》衝突の為めに最も多く迷惑を感ずる者は平和を追求して歇《や》まざる両国の良民である」(「衝突の真義」全一一・四二〇)。このように言いつつ彼は「軍備全廃、戦争絶対的廃止を目的とする志士仁人の会合」(論語、「志士仁人は生を求めて以て仁を害するなし」による)「平和協会」設立の理想を説いたり(全一一・四二三)、日露の外交担当者が、正義にもとづいて平和的な問題解決の道を探るべきである、という意見を開陳したりしている。

しかしその後、キリスト再臨の信仰を得たことが、内村の非戦論の質に根本的な変化をもたらした。第一次世界大戦下における内村は、人間の力による平和実現の可能性をすべて断念して、戦争廃止の実現を、神の大能の御手の中、すなわちキリスト再臨の時に委ねるという確信に至ったのである。彼は言う、「世界の平和は畢竟するにキリストの再臨を待て始めて世に行わるるものである」（「世界の平和は如何にして来る乎」全一八・二三九。強調は原著者。以下同）。ここに至ってキリスト信徒の務めは、平和運動を自己目的としてこれに関わるのではなく、再臨のキリストのために道を備えるべく平和論を唱え続けることに求められることとなる。そして、聖書に約束されたキリスト再臨のとき、すべての被造物は不朽の生命を与えられ、ここに初めて真の正義と平和が臨み、愛が人類の法則となり、創造の目的に適う完全な天地が現成するのである、と説いた。

内村の戦争観、のみならず彼のあらゆる倫理的態度の基盤は聖書にあり、[1] 戦争をめぐる彼の発言は、すべて聖書にもとづくものとして読み解くべきであると考える。丸山真男は内村鑑三の「非戦の論理」を取り上げた論考において、内村が日清戦争の勝利を機に戦争否定へと向かったのは、彼が、近代戦争が「ある目的を達するための手段としての意義を失いつつあること」を鋭く洞察していたためであると指摘し、「内村の非戦論が単にキリスト教的福音の立場からの演繹《えんえき》的な帰結ではなく、帝国主義の経験から学び取った主張であったということは、彼の論理に当時の自称リアリストをはるかにこえた歴史的現実への洞察力を付与する結果となった」（傍点原著者）[2] と述べている。非戦論に限らず内村のあらゆる対社会的発言が、単なるキリスト教的ヒューマニズムからする心情的な主張ではなく、常に歴史と社会に対する鋭い現実的洞察に裏づけられたものであったことが、彼の発言に預言者的な説得力を与えたことは、丸山の指摘する通りであり、かつ衆目の認めるところでもあろう。そのことを前提としつつも、キリスト者内村鑑三の信仰と倫理の関わりを考察の対象とする本論では、あえて彼の信仰の内奥に焦点を定め、彼の戦争観の変化について、彼の聖書理解を基軸とする視点からアプローチを試みたいと考える。

一　日清戦争

まず内村鑑三の日清戦争義戦論の趣旨を、「日清戦争の義」（全三・一〇四―一一二）とその周辺の文章によって一通り押さえておくことから始めたい。

内村の日清戦争観とそれが義戦であるという主張の趣旨は、きわめて単純かつ明快である。彼は言う、日清の衝突は、「新文明を代表する小国」日本と、「旧文明を代表する大国」清との「人類の進化歴史」における避けがたい衝突である。「東洋に於ける一昇星」と期待される朝鮮は、支那の暴虐と圧政により、いまだに「隠星の一」たるにすぎない。もしも「利欲にして吾人の最大目的」であれば、「戦争は吾人の最も避く可《べ》きもの」であり、「非戦争こそ吾人の最終最始の政略たるべき」である。しかし、このたびの戦争の目的は、「支那を警醒」して「其《その》天職を知らし」め、日本とともに「朝鮮の独立と保安」の維持に、ひいては「吾人と協力して東洋の改革に従事せしむる」ことにある。義は己の利欲よりも世の文明化の側にあるとすれば、日清戦争が義戦であることは自明である。したがって、「吾人は信ず日清戦争は吾人にとりては実に義戦なりと」という確信に帰結することとなる。

義戦肯定の根拠を内村はしばしば世界歴史に求めるが、聖書との関連で言えば、その歴史的記述、特に旧約聖書のそれに求める。彼は、「歴史上義戦のありし事は、何人《なんびと》も疑う能《あた》わざる所なり」と言い、「士師記」の記述に言及して、「彼のギデオンがミデアン人を迎え、『神と彼との剣』とを以て敵軍の十有二万人をヨルダン河辺に殺戮《さつりく》せしは義戦なりしなり」と述べる。そしてさらに言う、日清戦争が義戦であるという場合の義とは、法律的に承認されるということではなく、「倫理的」に義であるという意味である。この戦争は「吾人固有の教義［キリスト教・鵜沼］に則るもの」であり、われわれが経験したことのないものではなく、むしろ「吾人の屢々《しばしば》戦いし所なり」と。彼は言う、すべての戦争が欲によるわけではない。のみならず、「利欲を以て戦争唯一の理由と見做」すことは、かえって「神聖なる人類性の価値を下落せしむる」ものである。利欲のみが戦争の唯一の動機であると断ずることは、むしろ人類の高貴性に対する冒瀆《ぼうとく》なのである。なぜなら、神の側に立って剣を取るという行動は、人類の高貴性にもとづくものであり、生命を賭して神の意志に歯向かう者を滅ぼす勇気ある行為だからである。すなわち旧約聖書の時代以来、神に代わって剣を取る殺戮は「義」を実現する行為なのである、と。

ひるがえって日清戦争が、文明の推進を担う日本とこれに敵対する清との戦いであるとすれば、神の義は文明化の側にあり、これを妨げる「未開野蛮」は不義である。そうであれば、義は神の代理として剣を取る日本にあることは自明である。これが、内村が日清戦争を義戦と確信した聖書的根拠であった。「義」は内村にとって、時には生命を代償としても実現されるべきものであったのである。

では、戦争を義とする主張が聖書によって根拠づけられたのは、聖書へのどのような姿勢にもとづくものであったのか。言い換えれば、それはどのような信仰的・理念的態度に裏打ちされていたのか。

すでにアマースト大学時代に、イエス・キリストの十字架の贖《あがな》いによる罪の赦《ゆる》しという信仰的地平に至っていた内村にとって、「義」とは第一義的には、信じる者が神から容認された神人関係のあり方を意味したはずである。しかしながら、この地平に立ちつつ現実世界における倫理的方向性を見いだすこと（仏教の言葉を借りれば往相《おうそう》から還相《げんそう》へ）は、決して簡単に答えが出ることではないであろう。内村は、神によって義と認められた信仰者とは、「自己の罪を認めながら神の正義を以て我が正義と做《な》す」（「秋冷雑話・基督信者の正義」全一三・三七〇）者であるという。だが、現実社会の諸問題に関わるとき、「何が神の正義か」という問いに対する答えは決して自明ではないであろう。したがってそこでは、正義の内容如何についての絶えざる厳しい信仰的問いかけがなされねばならない。そして、そうした葛藤を経て押し出される対社会的発言こそが、初めて神の側に立つ義としての意義を獲得し、それにふさわしい浸透力を発揮し得るであろう。

だが、日清戦争義戦論における内村の聖書への依拠の仕方は、まず神の前に立つ個として聖書の記述を神意の啓示と受け止め、義戦論をそこから導き出したというよりも、逆に文明至上主義に立つ義戦論が先行してこれを聖書のかれこれの記述によって補強した、という印象を否めない。少なくともここで内村が引証する旧約聖書の記述は、単なるひとつの行為規範として扱われており、その意味で一般の歴史的事象と同レベルの出来事であるにすぎない。ここには、聖書に記されている故にある時は戦争さえも是とされるという確信、神を後ろ盾とする者の何のためらいもない素朴な自信さえ窺《うかが》われるのではなかろうか。聖書へのこうした依拠の仕方は、少なくとも論理的には、いかなる恣意的な理念や行為をも是とする態度として発動し得ることは言をまたないし、その事例を日本キリスト教史上に求めれば枚挙にいとまがないであろう。そして日清戦争の時点においては、内村にとって「文明」こそが至上の価値であり、文明の進歩は生命を賭するに足る理念であり目的であった。彼にとって、私利私欲からではなく世の文明化のために身を捧《ささ》げることこそが正義であったのであり、それはまさに人間の崇高さの証しでもあった。神的価値の前に文明を俗のこととして相対化するまなざしは、この時点ではまだ獲得されていなかったと言えるのではなかろうか。（そもそも内村において、往相としての義と還相としての義の区別は、少なくともこの時点ではまだ明白ではない。）

確かに世界が発展途上にあった当代においては、「文明」は「未開野蛮」に比べれば「良いもの」であり、幾多の犠牲を払ってでも実現すべき価値あるものと自他ともに是認し得たであろう。だがここで一歩を譲って「文明」を生命を賭するに足る「価値あるもの」、「神の正義」の側につくものと認めるとしても、生命よりも自らが信奉する正義を重んじるということは、自己自身の生命を賭ける場合の倫理的態度としてのみ言えることであり、広く一般に殺戮を認め、人々を戦争へと駆り立てることを是とする根拠とはなり得ないはずである。しかもわれわれは、そもそも一般に殺戮を是とする義などというものがあり得るのか、という素朴だが根底的な疑問に立ち返らざるを得ないであろう。加えて、内村のように世の正義・不義に対する鋭敏な感覚を備えた個性においては、「正義」が目的を誤って暴走することはあり得ないとしても、義には生命をも犠牲にする価値がある、という主張の普遍化は、「正義」の内容如何によっては多大の危険性をはらむものであることは、あらためて言うまでもないであろう。

さて、内村が日清戦争義戦論を捨てたのは、これが利欲のための戦いであったという現実認識に至ったためであった。そうであればそれは、日清戦争義戦論を猛省する理由にはなり得ても、義のための戦いという思想そのものに反省を迫る理由とはなり得ないはずである。事実内村は、井上哲次郎が、日本史上には欧米諸国のような残忍悲惨の形跡がないと言ったことを批判して次のように言う。「然れども平和的なる必しも君子国の徴にあらざるなり、世には下劣の平和《イグノーブル、ピース》を愛する国民あり、戦争は避くべき者なれども平和の為めに避くべき者にあらず、義は生命よりも重し、正義と真理との為めには身を犠牲に供し、国家の存在を賭しても戦うべきなり、……」（「胆汁余滴・平和好きの民」全五・三）。「義」はなお内村にとって、生命の犠牲をもって勝ち取られるべきものであり、それがキリストの精神でもあったのである。(3)

こうした、利欲からではなく崇高な理念的目的のために生命を賭することができることにこそ人間の高貴性のゆえんがある、という信念は、日清戦争の義戦論においてだけではなく、その後の内村の発言にも一貫して見ることができる。そうであれば、日清戦争以後の戦争をめぐる姿勢の変化は、言論としてはまさに義戦論から非戦論への転換であるが、変化したものは義の内容如何についての理解であり、正義を尊び、その実現に一身を捧げることを信念とする姿勢自体は変わることがなかったと言うことができよう。かの「非戦主義者の戦死」（全一二・四四七―四四九）という文章の趣旨も、こうした主張と重ねて読まれるべきであろう。日露戦争の開始後まもなく書かれた同文章は、国家が我らにも兵役を命じるに至ったときは「其《その》命に従うべきである」と書き出される。これは、日露戦争開始後になると内村は主張を変えて戦場に向かうことを肯定するようになり、彼は非戦論者として不徹底であったと、とかく批判にさらされる文章であるが、その言わんとするところは戦争への参加の促しではなく、「平和主義者は此国彼国のために死なんとはしない、然れども戦争其物の犠牲になって彼の血を以て人類の罪悪を一部分なりとも贖わんがために」（全一二・四四八）死ぬのである、ということにある。戦場で血を流す以上、実際には殺戮を行わないことはあり得ないとすれば、これは言論としては非現実的であろうが、その趣旨はこのような文脈において読まれるべきであろう。ただしここには、「総ての罪悪は善行を以てのみ消滅することの出来るもの」（全一二・四四七）であるという行為義認の考え方が根底にあることに注意しておくべきであろう。

二　日露戦争

既述のように内村は、日露の開戦を控えて、あらゆる戦争を否定する「絶対的非戦論」の態度を明確にした。「余は日露非開戦論者である許りでない、戦争絶対的廃止論者である、戦争は人を殺すことである、爾うして人を殺すことは大罪悪である、爾うして大罪悪を犯して個人も国家も永久に利益を収め得よう筈《はず》はない」。戦争がもたらすものは害毒以外の何物でもない。その証拠に、日露戦争は、「東洋全体を危殆の地位にまで」貶《おとし》めた（「戦争廃止論」全一一・二九六―二九七）。かつて「文明の進歩」のために肯定された殺戮は、ここにおいて「大罪悪」と断罪される。それは内村において、ただに戦争が否定されたというだけでなく、世界の目的とする理念が「進歩」から「平和」へとシフトされたということでもあった。彼は、マタイ福音書五章九節の「平和を求むる者は福《さいわい》なり」(内村訳)を引いて言う、「聖書の、殊に新約聖書の、此事〔時局問題・鵜沼〕に関して私共に命ずるところは唯一つであります、即ち絶対的の平和であります。如何なる場合に於ても剣を以て争わないことであります、万止むを得ずんば敵に譲り、後は神の怒を待つことであります、……絶対の平和は聖書の明白なる訓戒《いましめ》でありまして、私共、若《も》し神と良心とに対して忠実ならんと欲すれば此態度を取るより他に途《みち》はありません」(「平和の福音」全一一・四〇四)。それ故、非戦論はもはや、単に戦争を否定し、これに反対することにとどまらない。それは、「平和の克復〔実現・鵜沼〕」という積極的な目標を目指すものとなる。「私は終に非戦論者となりました、然かし非戦論とはただ戦争を非とし、之《これ》に反対すると云《い》うこと計りではありません、非戦論の積極的半面は言うまでもなく平和の克復並に其耕脩であります」(「余が非戦論者となりし由来」全一二・四二六)。先の「戦争廃止論」の趣旨は、戦争は個人にとっても国家にとっても〝百害あって一利のないこと〟を主張するにあった。すなわちそこでの目的はあくまでも戦争の否定にあったが、ここでわれわれは、自己目的としての平和の登場と出会うこととなる。

ここにおいて内村にとっての課題は、もはや戦争を肯定するか否定するかではなく、いかにして世界レベルでの義すなわち平和を実現するか、ということに置かれることとなる。日露講和条約の調印をめぐって彼は次のようにしたためている。「私は又今より平和主義の研究並に其唱道を続けようと思います。私は今まで色々の慈善事業を研究し、又之に手を出して見ましたが、然かし戦争廃止を目的とする平和主義に優さりて善且つ大なる慈善事業を思附くことは出来ません、……」（「秋の到来」全一三・二八四）。ここに、内村の畢生《ひっせい》の課題となる「戦争と平和」の問題が、いよいよ明確な輪郭をもって立ち現れることとなる。このことについては、鈴木範久の『内村鑑三』から教えられるように、(4) この頃から内村がひたすら聖書に沈潜し始めるようになったこと、またかつての聖書のかれこれの記述への断片的な依拠から聖書の「全体の精神」に聴くようになったことなど、種々の理由が考えられようが、いまこのことを、内村の関心のありかが社会的正義から個人の義へと重心を移したこととしてとらえてみたい。すなわち、戦争の是非論に代わって平和の問題が浮上したことは、彼の関心の所在が、客観的秩序の追求から信仰者としての主体のあり方、すなわち神人関係のあり方の問題へと軸を移したこととしても理解することができよう。ここに内村にとって平和とは、単に政治政策によって実現可能な社会秩序ではなく、神人のあるべき関係にもとづく究極的な世界のありようとして立ち現れるのである。「平和は神の意志と人の意志との調和であります、神に愛せらるるとの確信であります、直《ただち》に神の霊を我が心に寓《やど》すの歓喜《よろこび》でありります、……平和は心の平和であります、身を殺しても得んと欲《おも》う平和であります」（「クリスマス演説・平和と闘争」全一〇・四三五）。平和の基礎は、神人の意志の調和によって生じる霊的な喜びである。故に世界平和の実現も、このことなしにはあり得ないのである。このような観点から、日露戦争当時における内村の平和論の深まりについて、なお少しく考察してみたい。

先の引用にも見たように、「絶対的の平和」とは、「如何なる場合に於ても剣を以て争わないこと」であった。しかしここで注目したいことは、平和とはただに平穏無事な生活が保証されるということではなく、反対に、時には流血を伴う犠牲によって贖い取られるべきものである、と主張されていることである。絶対的非戦主義を説いた文章「平和の福音」の中で、歴史上、「自由」がいかにして獲得されたかを論じた文脈で内村は次のように述べる。「人の自由は剣を以て得られた者であると思うのは大なる間違であります。自由は生命の犠牲を以て得られたものであります……」（全一一・四〇八）。自由という「義」は剣によって戦い取られたものではなく、その実現は「生命の犠牲」を求めるというのである。この言葉は、日清戦争当時の発言に見るように、広く不特定多数の人々に向かって「正義」のために生命を捨てよと説いたものではなく、個々人に向けて、自らが信奉する価値を実現するにあたっての心構えを説いたものと受け止めるべきであろう。内村にとって、自由に限らずあらゆる「正義」は、戦争によってではなく、己が生命をも投げ出す覚悟によって勝ち取ることのできるものなのであった。彼は言う、「蓋《そ》は吾等の謂《い》う平和とは無事との謂いではありません、……」（「クリスマス演説・平和と闘争」全一〇・四三五）。単に安逸を貪ることは、彼のいわゆる「下劣なる平和」にすぎず、非戦主義とは無縁のものであったのである。

　では、内村にとって平和の招来に生命の犠牲が必要とされるゆえんは何であったのか。アマースト大学におけるいわゆる第二の回心以来、内村にとって神に対する人類の根源的なありようは、「人類の神より離れ独立せしこと」（「我が信仰の表白」全一・二一四）であった。それは、神に対する人の「反逆」であり、人の力では如何ともしがたい神人関係のありようであった。そうであれば、そうしたありようの由来である罪こそが、平和を阻害する根本的な原因に他ならない。そのようなものとしての罪が平和の実現にとっての根本的な障壁であるとすれば、究極的な平和の到来は、この罪が完全に処理されるのを待つ以外にはあり得ないこととなるであろう。さらに社会が罪人の集合体であれば、それは自他が互いに己の利を主張して争うせめぎあいの場でしかない。こうした、社会自体の自浄力による平和の到来が望むべくもない状況において、なお自らの信奉する義を貫こうとするには、どのような方法があり得るのか。

　そのようなものとしての罪を贖い、義を勝ち取るのは、究極的には言うまでもなく神の子イエス・キリストの十字架上の死であるが、内村の主張にはその〝手前〟に、人としてのイエスに倣う自己犠牲がある。それは、十字架上における神の子イエスの「無抵抗の犠牲」に倣うことであった。先にも触れた、「絶対的非戦主義」に関わる文章で、内村は次のように述べている。「人の自由は剣を以て得られた者であると思うのは大なる間違であります、自由は生命の犠牲を以て得られたものであります、キリストを始めとしてヤコブ、パウロ、ペテロ等、凡てキリストの生涯に倣いし者の無抵抗の流血を以て買われたものであります。コロムウエルやワシントンのエライのを彼等の抜いた剣に置いて彼等の流した血の涙に於て求めない者は両雄の心事を覚らない者であります」（「平和の福音」全一一・四〇八）。自由という「義」は、キリストのみならず彼の生涯に倣った人々の流血をもって贖い取られたものである。同様に、クロムウェルらの偉大さは剣によってなしたことにではなく、彼らの犠牲に見るべきである、という。人の罪を自己犠牲において贖う覚悟なしには、義の実現は不可能である、というのである。そして人のなし得る究極の犠牲は、キリストのそれに倣うことにあるのである。

　ところで、ここにわれわれが見るものは、なお人の力に頼みこれに希望を託す者の姿である。ヤコブ、パウロ、ペテロらの犠牲がいかに一般人の追随を許さぬ崇高なものであるとしても、義認信仰に立つ内村にとって、それはキリストの十字架上の死に比せられるものではないはずである。しかしなおここでは、キリストの範に倣い、無抵抗に徹することによる平和の実現が期待されている。「余は基督教の信者である、而《し》かも其伝道師である、爾うして基督教は、殺す勿《なか》れ、爾《なんじ》の敵を愛せよと教うる者である、然るに、若し斯《か》かる教を信ずる余にして開戦論を主張するが如きことあれば、是《こ》れ余が自己《おのれ》を欺き世を欺くことであれば余は団員〔理想団・鵜沼〕諸君が即座に余を理想団より除名せられんことを望む」（「近時雑感・平和主義の動機」全一一・四一九）という有名な発言は、時になお道徳主義にとどまるものであると批判的に評されるが、同様に右の姿勢も、「キリストのまねび」、「キリストの教訓」を奉じるという意味で、すぐれた意味での「道徳」の立場に立つものであると言えるであろう。この倫理は義認信仰に立ちつつもなお道徳主義の片鱗を残すものであったが、その理由は、神によって義とされた者であるという自負が、自力による正義の実現を確信させ、かつその実践に力を与えたためであったと考えたい。

三　第一次世界大戦

こうした「自力主義」が徹底的に打ち砕かれ、すべてが神に託されるようになるのは、再臨信仰への到達によってであった。ここに人は、神の力の圧倒的な顕現の前に己の力を無にして立つ信仰者の姿を見る。その意味でこれまでの非戦論は、すべて再臨信仰のもとでの非戦論への序奏であったとさえ言うことができる。ここに初めてわれわれは、超越次元から現実をとらえる視点が確立されたのを見ることができる。[5]

内村が再臨の信仰に至った経緯およびその内容については、すでに先学による多くの論考があるので、ここでは内村の信仰と倫理の内的構造連関の解明という本論の主題を意識しつつ必要と思われる範囲内で言及しておく。

周知のように、内村がキリスト再臨の信仰に至った具体的な契機として、愛娘《まな》ルツの夭折《ようせつ》と第一次世界大戦があった。ルツの死は一九一二（明治四五）年のことであり、第一次世界大戦は一九一四年から一八年にかけてであるので、伝記的な経緯としては、再臨信仰は内村の内部に徐々に熟していったと考えるべきであろうが、信仰の原体験として質的に見るなら、キリスト再臨の確信という信仰は、内村の「心中に大奇蹟」として「湧出」するかのように生じた体験であった（「イエスの母マリア」全二四・四七二）。これを内村自身の言葉に聴けば、一九一八年四月、大戦の終結を目前にした時代状況のもと、彼はもはやや聖書について語るべきことが尽きたと感じ、「宇宙人生に関する大問題」の前に言葉を失って呆然《ぼうぜん》と立ち尽くし、「聖書之研究」誌の廃刊をさえ考えていたという。ところが、「然るに驚くべし其時に当り余の心中に subconsciousness（自覚以下の感覚）として潜在せしものが突如躍動し来りし為め茲《ここ》に忽《たちま》ち活路は開かれたのである、然り之が為に余は一変し余の心中に思想は湧出するに至った、聖書は其創世記より黙示録に至る迄大なる光明を発し其他余の今日迄読み来りしものが皆な蘇生した、……」（「世界の平和は如何にして来る乎」全二四・一三二）。このようにキリスト再臨の信仰は、迷いや逡巡《しゅんじゅん》の余地のない絶対的な新境地として開かれた。それは、読書や思索の結果行き着いた地平として立ち現れたのではなく、意識下のものの噴出として、圧倒的な力をもって内村の全身全霊をとらえたのであった。それは個人の意識や意思を超えた力の顕現であり、その意味でまさに神秘的な宗教的原体験と言われるにふさわしい体験であったと考えたい。

まずルツの死と再臨信仰との関わりから見ていこう。ある論者は、いわゆる「二人称の死」の体験が死後世界に対するその人の考え方を変える、と述べているが、(6) ルツの死を体験した内村の来世観に生じた変化も、まさにその典型的な例と言えよう。ルツが死の直前に残した言葉、「モー往きます」を父鑑三は、「死の河の此方《こなた》」からではなく、「河の彼方《かなた》の岸辺に立ちて」発せられたものと確信する。そして言う、「願う我等も亦《また》此世の業を終えて、聖父《ちち》の国に往かんとする時、モー往きますの言を発して彼女の往きし処に往かんことを」（「最後の一言」全一九・三一、三二）と。諸家も述べるように、また内村自身の言葉からも知られるように、愛娘ルツの死は内村において、霊魂不滅と永世天国への確信を確固たるものとした。ここに、「近親者の死」という実存体験を通して、超越次元は内村にとって現実となったのである。

ところで、このような道程を経て到達した再臨信仰は、愛する者との再会への希望を動機とする故に、それは歓喜に満ちた願望でもあった。そこでは、死は艱難《かんなん》ではなく常に歓びと平安に満ちたものとして描かれ、内村の生涯から当然予想される、この世の不義に対する審判の思想は、少なくともルツの死や自らの死の問題との関連では出てこない。確かに死はこの世的に見れば凶事であり苦痛の極みであるが、同時にそれは「苦痛の終り」であり「真《まこと》の自由に入るの門」でもある。その意味で「死は最大の解放者」であり、「死を以て新生命は始まる」（「祝すべき死」全一九・七九―八五）のである。

「罪の支払う報酬は死である」（ロマ書六・二三）という、パウロの教示のもとにあるキリスト者として最も恐れるべきものであるはずの死も、内村にとっては罪の除去という慰藉《いしゃ》であり、歓喜すべき天国への門であった。ヨハネ福音書第八章の「姦淫《かんいん》の女」に対するキリストの態度に見るように、死においてもキリストの「矜恤《あわれみ》」に満ちた仲保が裁きに勝つのであり、そこには永遠の審判を予想させる厳しさは存在しない。キリストによって罪を贖われた者には、永世はすでに約束されているのであり、彼らにおいてはこの世で受けた生命がそのまま死後も続くのである。心理的に見れば、これは内村にとって、死に対する自らの悲嘆や恐怖を乗り越えるための一つの手だてであったと言えるかもしれない。しかしキリスト教徒の信仰において再臨は、キリストが最終的に「生ける者と死ねる者とを裁〔「使徒信条」・鵜沼〕く審判の時」でもある。だが少なくとも死の問題との関わりから見る限り、内村にとってキリスト再臨の第一義的な目的は、審判にではなくひとえに歓喜としての救済にあった。再臨はあくまでも、生において罪を赦された者が恵みとして享受すべき至福なのであった。

では、果たして再臨がもたらすものは歓喜に尽きるのであろうか。確かに死の問題との関連では、再臨の第一義的な目的は審判にではなく恵みとしての救いに置かれていた。繰り返すが、いわゆる「一人称の死」と「二人称の死」においては、再臨待望の動機が永世への願望、そこでの愛する者との再会の希望にあったので、そこに慰藉が求められたのは自然のことであった。しかし、生涯にわたって世の不義に対して熾烈《しれつ》な戦いを挑み続けた内村にあっては、再臨という究極の時において不義が不問に付されるなどということはあり得ないはずである。その辺の消息にもう少し立ち入ってみることとしたい。

世の不義一般に対する究極的な審判が語り出されるのは、第一次世界大戦との関わりにおいてである。内村の目に映じた大戦前夜の世界の趨勢《すうせい》は、あらゆる面で衰退の一途をたどっていた。「世の進歩」に対するそれまでの内村の楽観的な確信は、次第に打ち砕かれていった。「世は果たして進歩しつつある乎」（全一八・二四二―二四七）と題する一文にわれわれは、そうした内村の苦悶と懐疑を見る。進歩はこの世の特性であり、確かに今の世には科学を筆頭にあらゆる面で著しい進歩が見られる。しかしながら人は、そうした外面的な進歩に眩惑《げんわく》されて、人類に大いなる退歩のあることを見落としてはならない。人間性そのものをはじめとして宗教、哲学・思想、政治、芸術等、あらゆる面において、人類の進歩はすでにその頂点を過ぎたのではないか。このように言いつつ内村は、総体としての人類は「一個人」に例えられるとして次のように述べる。個人と同様、人類全体にも発育と衰退の時がある。「人は『老いて、誡むる欲にあり』」と言うが、人類全体も老いてますます欲に溺れるようになった。人類は、文化のあらゆる面でひたすら快楽のみを追求する存在となり果てた。ではその行き着くところは楽園か、と問いかけつつ、内村は次のように言う。「否《しか》らず、肉欲の要求が科学の進歩と法律の完成と、道徳宗教の俗化とに由って完全に充たさるる時に、其時に聖書に記さるる所の世の終焉《おわり》が来るのであろう、……」（全一八・二四五）。各人・各国がそれぞれ己の欲望の充足を求めるなら、そこに展開されるのは欲望の主体同士の果てしない闘争のみであろう。したがって、俗世の手段によって欲望の完全な充足を達成しようとすれば、そこにもたらされるものは破滅でしかあり得ない。なぜならそれは、真の正義の実現は肉欲の抑制、ひいては個人の犠牲によって初めて可能となるという、内村の念とは根本的に相容れぬ世界だからである。

内村においてこうした憂慮は第一次世界大戦として現実となった。前述のように、彼にとって死の彼方に望まれる再臨の時は安らぎであり恵みであったが、「戦争と平和」という、この世の義と不義をめぐる課題が介入するとき、再臨はやはり厳しい裁きを迫る時でもあった。大戦の経験を通して書かれた文章には、世の不義に対する審判への明らかな確信が読み取れる。大戦の終結を目前にして書かれた「審判と公義と平和」（全二四・一五八―一五九）は、「審判がありて公義があり公義がありて平和があるのである、公義の無き所に平和なく、審判の行われざる所に公義は無い」、と書き出される。そして、審判《さばき》とは善悪の判別であり、善悪の裁きが行われて初めて真の公義が行われ、その結果として真の平和が臨むのである、と明言される。審判は、一面から見れば苦痛であり無慈悲であるが、公平な審判なしには真の平和は到来しないのである。では、公正な審判を経た真の平和とはどのようなもので、その到来はいかにして可能となるのか。このことの考察を中心に、内村が最終的に到達した倫理的世界のありようとその意義についてまとめ、稿を閉じることとしたい。

おわりに

本論考の第二節において、戦争の是非論に代わって平和という課題が前面に押し出されてきたことは、内村の関心の所在が、客観的秩序の追求から信仰者としての主体のあり方、すなわち神と人との関係のあり方へと軸を移したことを意味するであろうと述べた。いまこのことを、世界レベルの問題へとパラレルに持ち込むなら、内村にとって平和問題の本質は、もはや具体的な社会秩序の追求ではなく、神と世界との究極的なあり方の追求へと移行したと言えるであろう。言い換えればそれは、神と世界とが新たな関係に入ることを意味したが、それは再臨信仰の確立によってもたらされたものであった。

「再臨を信ずるに由て余は初めて聖書が解し易き書となった」、「余はキリストの再臨が解って人生が解った」（「基督再臨を信ずるより来りし余の思想上の変化」全二四・三八四―三九一）とあるように、再臨信仰の確立は、それまで内村が抱えていたあらゆる問題を根本的かつ十全に解く鍵となったが、それは戦争と平和の問題への関わりにも根源的な変化をもたらした。

内村が最終的に到達したのは、究極的な平和は再臨という「神の大能」の行使によってのみもたらされるという確信であった。彼は言う、「戦争は神の大能の実現に由て止むのである、戦争廃止は神が御自身の御手に保留し給う事業である、是は神の定め給いし世の審判者《さばきびと》なるキリストの再臨を以て実現さるべき事である、……」（「戦争廃止に関する聖書の明示」全二三・二八五）。

宗教とは「正義の実行」であり信仰とは「正義に関する実行」であって、「正義は必ず行わる」とは、内村の生涯を貫く確信であった。そしてかつては正義の実現は、政治社会的な政策を通して、その時々の現実問題にいかに対処するかという仕方で探られた。だが再臨信仰のもとでは、そうした「人間的解決」を目指す姿勢は根本的に砕かれる。例えば、国際連盟の成立に際してしたためられた文章は次のように書き出される。「国際聯盟将《ま》さに成らんとす、然れども成るも成らざるが如し、之に由《より》て世界の平和は来らない、戦争は止まない、……」。さらに同文には次のような言説もある。「民本主義の普及に由て世界改造、人類平和を計るが如き、迷妄之《これ》より大なるはなし、……」（「聯盟と暗黒」全二四・五五三、五五四）。政治家が鳩首《きゅうしゅ》して画策する平和計画は、「今日［明治四四・鵜沼］まで、悉《ことごと》く失敗に終った、而して今後も亦た失敗に終るに相違ない、……」（「世界の平和は如何にして来る乎」全一八・二三七）と彼は明言する。こうして、真の正義実現への希求が再臨によって究極的に満たされるという信仰のもとでは、人間的な行為は意味も可能性も失い、その実現を画策して労することはすべて無意味となる。ここにおいて人に残された課題は、もはや平和の実現に向けての具体策をめぐらすことにではなく、ひたすらキリストの再臨を待ち望むことに見いだされることとなる。「愚かなりし哉《かな》久しき間此身を献げ自己の小さき力を以て世の改善を計らんとせし事、こは余の事業《ビジネス》ではなかったのである、キリスト来りて此事を完成し給うのである、平和は彼の再来に由て始めて実現する」（「聖書研究者の立場より見たる基督の再来」全二四・六〇）からである。世界の平和は「人類の努力に由て来らず、キリストの再来に由て来る、神の子再び王として来る時人類の理想は実現する」（「世界の平和は如何にして来る乎」全二四・一三五―一三六）のである。

さて、こうした姿勢は内村において、決して信仰への逃避や倫理的努力の放棄と批判される体のものではなかった。なぜなら、平和のみならずあらゆる倫理問題の解決がすべて再臨のキリストの手に委ねられた地平でも、人はなすことなく拱手《きょうしゅ》してキリストの再臨を待つのではなく、なお正義を唱え続けねばならないからである。その理由を、内村は次のように語る。

然らば信者は何故に非戦を唱うべきである乎《か》、非戦の行われざるを知りながら非戦を唱うるの必要なしと云う者あらん、然らざるなり、信者が非戦を唱うるは現世に於て非戦の行わるべきを予期するからではない、其《そ》の神の欲《この》み給う所なるを信ずるからである、若し実行を期せん乎、廃娼も之を唱うるの必要はないのである、禁酒禁煙亦然りである、現今《いま》の世に在りて罪悪の絶ゆる時とては之を望むも益なしである、然れども我等は之に反対して止まないのである、……。（「戦争廃止に関する聖書の明示」全二三・二八六）

人間の努力は、何事であれその実現を目指そうとするなら、すべて無益である。罪人の集合体である世界において、完全な平和の実現を望むなどということは、内村にはいわば笊《ざる》で水を汲《く》むような行為にすぎなかったからである。しかしそれでもなお人が正義の実現に向けて倦《う》むことなく行為し続けるのは、「バプテスマのヨハネの如くに（再臨の）主のために途を備うる」（同・二八八）行為だからなのである。人のあらゆる努力は、努力目標の直接の実現を目指そうとする限り意味を失う。代わってすべての行為の目的は、神と世界の関係をあるべき姿に正すことに置かれることとなり、その努力は根源的な意義と不屈の活力を獲得するのである。

再臨において実現される正義の具体的な様相は、それが超越的出来事である故に、人の計り知れぬものであろう。だが内村においてキリスト来臨の目的は、神の造化の目的である「万物の完成」にある。それ故、再臨においては真の正義とそれに伴う平和が臨み、愛が人類の法則となり、ここに創造の目的に適う完全な天地が現成する。そこではもはや、いかなる意味においても戦争をはじめあらゆる不義が義とされるなどということはあり得ない。そして、そうした神の目的の実現に加担するものであれば、人のすべての努力は新たな意義と活力を獲得するのである。このように考えるとき、人為を超えた他界的な地平に究極の根拠を見いだした内村の倫理的態度は、現代における信仰者の生き方にも普遍的な意義をもつであろうと考える。

注

内村鑑三の文章の引用は、『内村鑑三全集』全四〇巻（岩波書店、一九八〇―一九八四年）によった。
引用箇所は、文中で（　）内に記した。

内村鑑三の著書

『内村鑑三全集』全四〇巻、岩波書店、一九八〇―一九八四年

『内村鑑三選集　第2巻（非戦論）』鈴木範久編、岩波書店、一九九〇年

『内村鑑三選集　第8巻（生と死について）』鈴木範久編、岩波書店、一九九〇年

『内村鑑三信仰著作全集　第21』山本泰次郎編、教文館、一九六二年

（1）内村の生涯を一貫する最も重要な仕事が聖書の研究であったことは、内村自身の次の言葉からも知られる。「余が基督信徒となりて以来年を閲する事茲に四十、この間余の従事したる仕事は種々なりしと雖《いえど》も終始一貫して余を離れざりしものが唯一つある、聖書の研究之れである」（「聖書研究者の立場より見たる基督の再来」全二四・五六）。

（2）丸山眞男「内村鑑三と「非戦」の論理」（一九五三年）、『丸山眞男集』第五巻、岩波書店、一九九五年、三二一頁。

（3）国益と生活の安寧をもって平和とする現代の日本は、内村に言わせれば「下劣の平和を愛する国民」ということになるであろう。

（4）鈴木範久は、内村は日清戦争後も義のための戦争を認めており、彼が絶対的非戦論に至るのは一九〇三年に入ってからであるとし、それは内村がひたすら聖書に沈潜した結果であると述べている。『内村鑑三』岩波書店、一九八四年、一三一頁。

（5）富岡幸一郎『非戦論』（NTT出版、二〇〇四年）の第二章「非戦論の源流」では、内村の再臨信仰下における非戦論の意義が抉《えぐ》り出されている。

（6）竹内整一は『日本人はなぜ「さようなら」と別れるのか』（筑摩書房、二〇〇九年）で、「二人称（あなた）の死を経験することで「あの世」という考え方は変わってくるのではないか」という柳田邦男の言葉を紹介している（四五頁）。

（7）鵜沼裕子「キリスト教から見た国家と倫理」（本書第七章）参照。なお、内村の再臨信仰と非戦論の関係問題については本論文でも触れた。

参考文献　（注にあげたものを除く）

鈴木範久『内村鑑三日録』全一二巻、教文館、一九九三―一九九九年

道家弘一郎『内村鑑三論』沖積舎、一九九二年

大山綱夫「内村鑑三――日清・日露の間」、『内村鑑三研究』第二七号、キリスト教図書出版社、一九八九年、六二―八五頁

第三章

新渡戸稲造の世界——その植民地観をめぐって

はじめに

一般に何らかの宗教的信念を生の根拠とする者の生き方は、その宗教が真理として公認する教義によって方向づけられるので、個々の思想家の世界は、これを根源とする内的構造連関のもとに理解すべきであろう。しかし私は、序章にも述べたように、客体化され普遍化された教義よりも個々のキリスト者の軌跡の上に見いだされる宗教的原体験、およびそこから形成された宗教的信念のほうが、彼の生き方を方向づける原点としてより重要な意味をもつであろうとの考えから、キリスト者たちの諸活動を、この体験を源泉として押し出され、全体的に有機的なつながりのうちにあるものと理解して、彼らの世界を再構成することを試みてきた。

新渡戸稲造の場合に即して言えば、教育、国際政治、植民地政策、官人としての働き、さらには東西諸思想の研究など、きわめて多方面に及ぶ彼の活動や業績は、彼の特異な宗教的信念を核として押し出され、全体として固有のつながりのうちにあると考える。そのような方法的視点から見ていくと、例えば新渡戸の植民地観は、一見すると全く異なる分野に属するかに見える彼の民俗学的関心と、彼の精神の深部において構造的な連関のうちにあることが見えてくるのである。したがって、官人としての新渡戸の活動、とりわけ植民地関連の彼の言動について言及する場合、一方的かつイデオロギッシュな裁断(断罪)に陥らないためにも、こうした研究の視点をもつことが重要ではないかと考える。そのような見方は、新渡戸の植民地観に対する「誤解」を払拭し、彼の意図したことの正当な理解と評価につながるであろうと考えるからである。そこでまず、新渡戸の生き方の基盤となっている信(1)のあり方の特質を素描することから始めたい。

一　神秘家的資質

「新渡戸稲造」を同時代の他のプロテスタント・キリスト教思想家たちと比べるとき、そこにはある種の異質性が感じられるのではなかろうか。それは一つには、彼が伝道を本務とせず官途に就いた人であったことによるであろうが、その異質性のゆえんをさらに彼の精神の内奥に探るなら、第一に、これ自体は周知のことであるが、彼に一種の神秘家的な資質があったことをあげたいと思う。新渡戸夫人マリ子が夫稲造を「相当の神秘家」と評していたことはよく知られているが、彼は生涯にわたって、いわゆる心霊現象のようなものも含めた超常的な世界に深い関心を寄せていたようである。『東西相触れて』の中の「霊的の現象」（『新渡戸稲造全集　第一巻』二七一―二七七頁、以下全一・二七一―二七七と略記）と題する一文は、「我輩は幼い時から迷信的に一種の霊力を信じていた為に、学生時代には折々友人の物笑となった」と書き出され、そこには、ボストンで占い師、骨相・手相見、予言者などを訪ねてまわり、「彼等の言うことが何れも一致していたことに少なからぬ興味を覚えた」り、ロンドンでは「降神術者の秘密会合」に出席して異常な体験をしたことなどが、かなり微細にわたって紹介されている。また後年、国際連盟知的協力委員会を通じて知り合った、イギリスの古典学者で超能力の所有者とも言われたギルバート・マレーや、哲学者ベルグソンらともこの種の問題について語り合ったことがあるという。[2]またこれも周知のように、「神の声」を聴いたというジャンヌ・ダルクへの新渡戸の心酔ぶりには並々ならぬものがあったようで、その生地やゆかりの地を訪れている。さらに、これも広く知られるところであるが、晩年には、霊感による予知能力をもつと言われた曹洞宗の尼僧である佐藤法亮と深い親交があった。[3]

もう一つ、新渡戸自身の書き物から一例をあげておきたい。『編集余録』（原英文「EDITORIAL JOTTINGS」全一六、邦訳は全二〇）と題する文集は、一九三〇年から三三年の死の当日に至るまで執筆され、「英文毎日新聞」に掲載された短文集で、新渡戸がカナダ・ヴィクトリア市のジュビリー病院で客死したのちも、なお数編の原稿が新聞社に届いたというものである。新渡戸の得意とする人生雑感風の随筆で、内容は人生万般の事柄に及んでいるが、この中に、新渡戸の前にしばしば現れて語りかける、オキナ（Okina）と呼ばれる謎めいた老人が登場する。彼は新渡戸より一五歳年上の友人という設定であるが、佐藤全弘も言うように、新渡戸自身の分身、心理学者のいういわゆる二重身・ドッペルゲンガーであることは間違いない。オキナが登場するシーンには、常に被膜に覆われたような非現実感が漂い、新渡戸はオキナの語りというかたちで彼自身の心の深層にある思いを吐露したものと思われる。にもかかわらずオキナの言うことは、新渡戸にとって常に謎であり、いつも新渡戸を惑わせる。すなわち、普段は理性に覆われて自分自身にさえ隠されている心の深奥が、時折おのずと湧き出て、オキナの口を借りて語り出すとでも言えようか。以下は、死の約二か月前の日付（一九三三年八月四日）のある「オキナのつぶやき」（The Okina's Mumblings）と題された文章の一部である。


オキナのために永年家のきりもりをし、オキナの癖や奇行を知りつくしているある婦人が、オキナはだれも側にいないと思うと、不思議な行為にふけっていることを私に告げてくれた。

オキナがつぶやいていることばは、その婦人には独り言のように聞こえたが、オキナにとっては対話にちがいなかった。オキナのつぶやきは、いつも全部聞こえるわけではないが、数日前、とぎれとぎれにこんなことを話しているのが聞こえたという――。

「永く待たせてすまん……。すぐそちらへ行く……。もうこれ以上ここにいる気はしない……。

今や真暗闇だ……。一点の光も見えぬ……。霊で武装した勇敢な兵士らを送ってくれ、心に真実を秘めたまことの古きサムライたちを……。にせものは駄目だ……。（全一六・五〇二—五〇三[4]。傍点原著者）

佐藤全弘は、オキナの対話の相手は三年前に死去した新渡戸の畏友の内村鑑三ではないかと述べている。またこの時代背景には、ナチス・ドイツの政権獲得、日本の国際連盟脱退という世界の動きがある。新渡戸は近づく自らの死の予感の中で、第二次世界大戦前夜の世界の黙示録的な光景を幻視しつつ、すでに他界の人となっている内村を相手に、自己の心の深奥を独白していたのである。一種の不気味ささえ感じさせる、鬼気迫る文章ではなかろうか。

一般に近代日本の代表的なプロテスタントたちは、啓蒙的理性が容認する「普遍的」な真理を至上かつ唯一の判断基準として尊重し、そこに収まりきれない〝あやしげな〟ものは、前近代的な迷妄の残滓《ざんし》として切り捨て、蒙昧《もうまい》な世界から脱出して「理性の光」のもとに身を置くことをもって新しい神への帰順の証しとした。したがって新渡戸に、「常ならぬもの」への浅からぬ関心があり、しかも彼自身、それに対して決して抑制的でなかったことは、彼の信仰の特質として留意しておくべき重要なポイントであると考える。

では新渡戸自身には、信仰生活の上で何らかの神秘的な宗教的原体験があったのであろうか。新渡戸に対する一般的なイメージは「円満な国際派の良識人」であり、大方の伝記的な史料もそうしたことについては多くを語っていない。ただ一伝記記者は、新渡戸一八歳の年の日記に記されている「父ノ光ヲ見タル」という一節に注目し、これを新渡戸の「初めての霊的体験」と特筆している。[5] ただしこの「光体験」を、パウロの「ダマスコ途上の回心」に比せられるような、人生にとって決定的な転機となった体験と受け止めるのは無理ではないかと思われる。しかしながら、新渡戸の生来の神秘家的資質とこうした特異な体験は、彼の信と行動を考える上で無視できない特質であり、数年後に「内なる光」を説くクエーカー主義と出会ったときにこれと呼応することとなる。そして神秘の世界への関心は、クエーカー主義者新渡戸の中に生涯にわたって生き続けたと考えたい。

ここで、新渡戸のクエーカー主義の理解についての私見を述べておきたい。同主義について彼は次のように述べている。クエーカーの教えの出発点は、すべての者に照射される「内なる光」の存在を信じることにある。「内なる光」には「種子」、「声」、「キリスト」などさまざまの名が与えられているが、名称が何であれその意味するところは、すべての者には我ならぬ力、人間を超えた「人格」(Personality)が内在しているということである。これはクエーカー主義の創始者であるJ・フォックスが初めて創出したものではなく、神秘主義の発祥とともに古くから存在し、神秘的な魂の持ち主であれば、誰にでも生じ得る考えである、と。

一方、信仰について彼は次のように言う。「人が、未来のことであれ過去のことであれ、現世を超えた自らの存在に関して信じることが、その人の信仰をかたちづくるように思われる」。ここで注目したいのは、「現世を超えた何ものかの存在」(を信じること)ではなく、「現世を超えた自らの存在」[傍点鵜沼](について信じること)と言われていることである。すなわちここでは、人は現実世界のみに生きるものではなく、時にそれを超え出る存在でもあるとされているのである。新渡戸の念頭にある「現世を超えた世界」とは、新渡戸が折に触れてさまざまなかたちでその実在を体験し、生涯にわたってそれに対する飽くなき関心を抱き続けた神秘の世界・超常的世界と通底するものでもあったと考えたい。新渡戸において人間は、超現実的な世界と交感し得る存在であり、神はそのような仕方で人間によって体験される存在なのであった。したがって新渡戸にとっての信仰は、正統的キリスト教におけるように、現実世界を超絶した絶対者と個の対峙《たいじ》において成り立つ営みであるよりは、神秘の世界に与る者として神と直接に交感する体験であったと考える（「日本人の宗教観」RELIGIOUS IDEAS OF THE JAPANESE　全一五・一三六―一五一、邦訳は全一九・一六九―一八八）。

なお、ここでは詳論はしないが、クエーカー主義一般がそうであるように、新渡戸の場合も神秘主義への指向は現世からの隠遁《いんとん》、脱俗というかたちをとらず、日常的な活動の中に神の聖旨を生かし込む、という方向に向かった。超現実的世界は、世界観の構図としては現世の彼岸に属している。しかし、人が「現実を超えた存在」であり、「内なる光」によって「超現実的世界」と感応することにより、二つの世界は互いに交感する。「超現実的世界」と現実は、論理的には次元を異にするが、人が「内なる光」に照射されて神的存在の意志を体現することにおいて、両者は実践的に交流する。言い換えれば、人は「実行的神秘主義」の担い手として生きることによって、「超現実的世界」と現実との懸け橋となり得るのである。これが新渡戸の信の世界の構造であったと考える。

二　民俗的なものへの関心

彼の世界の特質を示す第二の点として、民俗的な世界への関心があったことについて触れておきたい。神秘なものとともに民俗的なものへの浅からぬ関心も新渡戸稲造の世界の顕著な特質であり、「はじめに」においても触れたように、これは植民地に対する彼の考え方と密接なつながりをもつと思われるので、植民地問題に関する新渡戸の見解を読み解くためにも、この側面の考察は欠かせないと考えるからである。

ここでまず新渡戸の「田舎観」について彼自身の文章に聴こう。

「地方《ぢかた》の研究」（全五・一七八―一八五）と題する文章で、彼は次のようなことを述べている。近時、各国の交通機関の急速な発展は都会の著しい繁栄をもたらしたが、その一方で「田舎が段々度外視せられるように成り行くのは、大いに憂うべき事である」。新渡戸は、都会の急速な発展の裏で田舎が次第に衰退していくことを危惧するのである。日本が国を挙げて近代化の推進に力を傾注し、大方のプロテスタントたちも、田園や自然を賛美しつつも「都会」をもって近代化の象徴と考え、そうした世の動向を神意の指し示す方向と考えていた時代に、新渡戸が都会よりも田舎に思い入れをもっていたことは注目に値する。ちなみに植村正久が「都と田舎」(6)というよく知られた説教で、両者の長短をあげつつも、「私は妙です。自分の心をいうと田舎より都会が好きです」と述べていることを思い合わせると、同世代のキリスト者である両者の、生に対する姿勢の根本的な違いを窺《うかが》わせるようで興味深い。

では新渡戸は、どのような理由で都会よりも田舎を好んだのであろうか。彼は、都会人は田舎人に比して根が浅く身体も柔弱で、才気はあるが地に根を下した落ち着きがないと言う。さらに彼は、都会と田舎の子どもを比較して次のようなことを述べている。「都会の子供は怜悧《れいり》なり。然れども物事を遣《や》り徹《とお》す信念が薄い。田舎の子供は之《これ》に比すれば鷹揚《おうよう》で、言わば小馬鹿である。然れども信念の堅い所がある」(全五・一七九)。

では、田舎人のこうした気質は何に由来するのであろうか。新渡戸はブラドレーなる人物の言葉を引いて言う、「田舎にては生命あるものに接すれども、都会にては然らず」と。都会では五官に触れるものはすべて人工的であり、人と接する機会は多くても、その交わりは浅く、「殆《ほと》んど物質的」でさえある。これに対して田舎では、人は山川草木や動物など、活きた自然と直接に交わることができる。新渡戸は、近代化された反面、即物的になった都会よりも、いまだ人手の加わらない、生命に直に触れることのできる田舎を愛好したのである。生命あるものに直接に接することのできる田舎は、物に触れて感興を促され、自ら考える力を育てる。故に「都会には小才子が沢山出来るかなれども、勝れた人物は田舎にしか出ない」。そして、田舎の衰微は単に農業の衰退をもたらすばかりではなく、「人間の品格を高くする事が出来ず、又た自治制の発達も出来ぬ」とまで述べている。そして田舎へのこうした親近感は、「決して田舎を度外視せず、田舎に対する趣味と同情とを養うて、……之《こ》れを科学的に研究せんと欲するのである」という、田舎に対する学問的探究心へと展開していくのである(以上、全五・一八〇)。新渡戸にとって「田舎」とは、人為的に加工される以前の、人間の生にとって真に重要な社会の原初的なありようを残す宝庫でもあったのである。

このようにして「田舎」に対する新渡戸の思い入れは、その「科学的」な「研究」、すなわち彼が「田舎学」とも呼ぶ「地方《ぢかた》の研究」へと発展していく。そこで、ここで新渡戸における「地方学」について若干触れておきたい。

> 地方はヂカタと訓《よ》みたい。元は地形とも書いた。然しヂカタは地形〔ちけい・鵜沼〕のみに限らず、凡て都会に対して、田舎に関係ある農業なり、制度なり、其《その》他百般の事に就きて云《い》えるものにて、夫《そ》れを学術的に研究して見たい考で、謂《い》わば田舎学とも称すべきものである。（全五・一七八。傍点原著者）

このように述べつつ新渡戸は、旧家や村役場などの記録や古老の話などを収集・保存しておくことの必要性を強調する。そして、都市化の急速な進展の裏で地方学の対象そのものが消滅していくことを憂慮して、「今にして我が『地方学』の研究に尽瘁《じんすい》するなくんば、絶を紹《つ》ぎ廃を発するの効、復た収むべからざるものあらんとす」（全二一・二四一）と警鐘を鳴らしている。

新渡戸の関心の具体的な対象は、村落等の地名の由来に始まり家屋の建築様式、土地の分割法、方言など、彼自身の言葉通り田舎に関する百般の事柄に及んでおり、時にドイツの事例などもあげながら、これらの旧事から明らかになるそれぞれの土地の歴史や文化に説き及んでいる。新渡戸は人間の生き方に関しても、理論や思弁よりも現実に即した体験知を重んじたが、そのことと呼応してここにも、体系化されその意味で抽象化された近代的な学問知よりも、あくまでも個々の事実に密着した知を重んじる新渡戸の思考態度の特質を読み取ることができるであろう。しかも彼の関心は、同時代の大方のプロテスタント思想家たちとは趣を異にして、近代化の最前線に関わる知見よりも、むしろ「辺境の地」に深く根を下して生き続ける生活文化の実態に向かっていたのであった。

ところで、地方に対するこうしたまなざしは、まさに民俗学的関心と言うべきものであり、柳田國男の民俗学とも重なり合う質のものであった。家族・親族・村落・衣食住・年中行事・信仰や芸能など、およそ民俗学の対象となり得るものは、すべて新渡戸の関心の対象となった。新渡戸自身は実際にこうした関心を学問として深めることはなかったが、先に言及した文章では、「田舎」に関する事象百般を「学術的に研究して見たい」という気持ちを披歴している。そしてその希望は、日本民俗学の祖である柳田國男と実際に交流をもち、彼の仕事を傍らから支えるというかたちである程度実現したと言ってよいであろう。

そもそも柳田國男によって基礎が据えられた日本の民俗学は、近代化によって消滅しつつある民俗を記録に残すことを当初の目的としたが、柳田の死後、高度成長期以来の日本社会の急激な変貌によって、辺境の地の民俗を生きた生活の中に求めることはもはや不可能となった。その意味で、先に引用した新渡戸の「今にして我が『地方学』の研究に尽瘁するなくむば、絶を紹ぎ廃を発するの効、復た収むべからざるものあらんとす」という杞憂《きゆう》は、民俗にただならぬ関心を寄せる者として現代民俗学の隘路《あいろ》を先取りした言とも言えるであろう。

新渡戸と柳田の交流についての記録は、『柳田國男集』の中に散見する。それによると新渡戸は柳田の主宰する郷土《ごうど》研究会に加わり、何年かにわたって自宅を柳田の郷土会の会合に提供していたという。柳田によれば、郷土会なるものの創立は明治四三年の秋で六十数回続いたが、新渡戸が第一次大戦後に欧米視察に出かけたのが、会が中断した主な原因であったという。柳田は、郷土会への新渡戸の貢献を、「自編『郷土会記録』」で次のように述べている。

〔会が中断したのは・鵜沼〕博士がその静かにして清らかな住居を、いつも会の為に提供せられたのみでは無く、又至って注意深く参集者の世話を焼かれたので、誰も彼も少しでも早く、次の会日の来ることを願って居たのが、もうそう云うことが無くなったからである。他の会員の家などで開かれた場合には、とてもあの様な行届いた亭主役は勤められなかった。例えば会の食事なども、いろいろ皆の悦ぶような用意をして置いて、先生は我々が意を安じて食べるように、わざと名ばかりの会費を徴せられた。又成るたけ話がはずむように、色々の珍客を臨時に招いて置いて、至って自然に新らしい刺激を与えられた。(7)

新渡戸の温かな人柄と細やかな配慮を彷彿《ほうふつ》とさせる文章である。そして柳田は、会における新渡戸の存在意義を、「此会《この》の幸福だけから言うと、博士が色々他の方面に於ても、大切な人で無い方がよかったのである」とまで述べている。柳田らの仕事に対する新渡戸の思い入れが並々ならぬものであったことが窺えるであろう。

会場の提供以外に、郷土会の研究的作業に新渡戸がどのように関わったかについては、残念ながら、管見では記録は乏しい。ただ柳田の、山に関する伝承を採録した「山の人生」という著作の中に、「以前新渡戸博士から聴いたこと」で「少しも作り事らしく無い話」として、次のような話が紹介されている。

陸中二戸《にのへ》郡の深山で、猟人《かりうど》が猟に入って野宿をして居ると、不意に奥から出て来た人があった。よく見ると数年前に、行方不明になっていた村の小学教員であった。ふとした事から山へ入りたくなって家を飛出し、丸きり平地の人とちがった生活をして、殆ど仙人になりかけて居たのだが、或《ある》時此辺でマタギの者の昼弁当を見付けて喰ったところが急に穀物の味が恋しくなって、次第に山の中に住むことがいやになり、人が懐かしくてとうとう出て来たと謂ったそうである。それから里に戻って如何したか、其後の様子は今ではもう何人にも問うことが出来ぬ。(8)

柳田の文章は、この話を枕にしてマタギに関する叙述へと展開している。この話はおそらく実話であって、異次元世界に関わるいわゆる「怪異譚《たん》」ではないが、「殆ど仙人になりかけて居た」「村の小学教員」は、ひとたび現実の彼方の世界に足を踏み入れたが、生活の匂いに惹《ひ》かれて再び現実社会に戻ったのであり、その意味で異界と現実との間を往来したのである。こうした、近代化の最前線とは無縁の場所に密かに生き続ける非日常的な世界への指向は、前述した新渡戸の神秘的・超常的なものへの関心と重なり合う質のものであり、心の同一の源泉から湧き出たものであると言えるであろう。近代化の急先鋒《せんぽう》を自負していた同時代の大方のプロテスタントたちとはおよそ趣を異にする、異界と紙一重にある辺境の世界に対する新渡戸の関心の一端を窺うことができると思い、あえて紹介した。

この他に、「新渡戸博士」の「家屋の発達に関する御説」について、柳田が「此村に於ては当らぬ点が多い」と反論したという記述や、新渡戸の『農学本論』への言及などもあり、研究作業の上でも柳田が新渡戸の著作に着目していたことが知られる。また、一九二二（大正一一）年、柳田が国際連盟の委任統治委員会で働いていたころの日記である「瑞西《スイス》日記」(9)には、当地での新渡戸との邂逅《かいこう》の記述を散見する。ちなみに、国際連盟委任統治の委員として柳田を推挙したのは新渡戸であった。なお、新渡戸の著述のほうには、柳田に関する記述は、私は今のところ見つけていないので、残念ながら現状ではこのテーマをこれ以上深めることはできない。ここではただ、近代化の趨勢とは無縁に辺境に生き続ける民衆の生活文化へのまなざしを、新渡戸と柳田が共有していたことを確認するにとどめねばならない。

三　新渡戸の植民地学の特質

植民地問題に関する新渡戸の見解を正当に理解するために、まず彼の植民地政策学の基本的な性格を押さえておきたい。

周知のように、植民地政策をめぐる新渡戸の言説に対しては、彼は生粋の帝国主義者であったというきわめて手厳しい〝断罪〟と、これを真っ向から否定する見解とが拮抗《きっこう》してきたという経緯がある。そのうち最も広く知られたものは、飯沼二郎と新渡戸研究の第一人者である佐藤全弘との間に交わされた論争であろう。(10) 先進諸国による植民地獲得競争が歴史の趨勢であった時代に、官人として植民地を統括する立場に立った新渡戸に植民地主義者のレッテルが貼られることは、ある意味で避けられないことであったであろう。しかしそのような「きめつけ」をする前に、植民地政策をめぐる新渡戸の言論、彼の植民地観の本質、新渡戸が植民地に託した理想は実際にはどのようなものであったのかをわれわれの観点から明らかにせねばならない。

一般に近代の植民地主義は帝国主義の所産であると理解されている。そして帝国主義とは、辞典的な定義に従えば、一九世紀後半のヨーロッパに発生し、海外に植民地を獲得してこれを維持・拡大する政策である、ということになるであろう。そこでは政治や経済、軍事の面はもとより、生活・文化の全般にわたっていわゆる宗主国が主導権を握り、終極的には宗主国と同化することが目指される。しかし、こうした定義に従う限り、植民地主義は新渡戸の関与するところではなかった。新渡戸は、各国は「nationality（民族精神）の思想から植民を為しつつあるものであって、決して人類の為めに之を為しつつあるのではない」と述べて「政策として行わるる植民」を非とていることからもわかるように（全四・四八）、政治的支配を目指す植民地政策は彼の与するところではなかった。では新渡戸自身の念頭にあった植民地観とはどのようなものであったのか。以下に、主として『植民政策講義及論文集』（全四・五─三八九）にもとづいて、新渡戸の植民地論の性格を少しく探ってみたい。

本書のうちの『講義』の部分は、東京帝国大学における新渡戸の講義（大正五─六年度）を、当時学生であった矢内原忠雄が筆録したものに、高木八尺と大内兵衛のノートで補充したものであるという。これに植民政策に関する論文九篇を加えて、新渡戸の没後に標記の題で出版された。内容は、世界における植民地運動の歴史に始まり、植民の理由・目的・利益から「植民」という語の語源と定義、植民地の種類、その獲得方法や統治、土地問題、原住民対策など多方面に及んでいるが、『全集第四巻』所収の大内兵衛による解説に、新渡戸の講義はスタイルも内容も「ドグマを立てた説教ではなくて、多くの関連事項についての博引傍証であり、そういう事例による植民事実の説明」（全四・六四六）であったと述べられているように、ほとんどが関連事実の記述であり、それらに対する新渡戸自身の価値判断や是非の評価はほとんどなされていないのが特徴である。加えて彼の講義は「やさしいわかりやすい座談体であり、体系化された植民地論ではなく、学生としては「毎時間植民についての雑話を聞いているような気持であった」（同上）という。したがって、新渡戸の講義に植民地経営に関する何らかの指針を求めて受講した者には、おそらく満足を与えなかったであろうと察せられる。事実大内による解説は、「そういう味［植民地に関する事実の列挙・鵜沼］を好む学生には特別にアトラクティブであったが、すべての学生をひきつけていたとはいえなかった」と続いている。

このように植民地政策に関する新渡戸の言説は、体系化され、その意味で抽象化された学ではなく、生活の万般に及ぶ具体的な事物に密着した事象や知見を重んじ、それらを披歴していくという基本姿勢に立つものであった。いまこのことを本論の論旨との関連で言えば、植民地に関する新渡戸の学問的関心の基底には、先に述べた「地方学」や民俗学に対する興味と同質の探究心が貫いているように思われる。新渡戸にとって先に述べたような民俗的な事実への志向は、決して単なる余暇の慰みやその場限りの座興的なものではなく、彼の学問的探究心の深みに根ざしたものであり、民俗学的な手法は彼の学問のスタイルに通底するものでもあったと考える。実際、植民地関連の諸々の事実を記述する新渡戸の文体や筆致は、植民地に関わる万般の事実を知り尽くそうとする並々ならぬ（現代風に言えばマニアックとも言える）熱意を垣間見させるに足るものである。「土地を最も深く愛する者こそ土地の主となるべけれ」という主張も、こうした文脈で理解されるべきであろう。先に、かつて新渡戸は、田舎に関する事象百般を「学術的に研究して見たい」という意思をもっていたことに触れたが、その意思が日本ではなく、彼が官人として統括した植民地を素材として実現したと言ってもよいのではなかろうか。

ついでに言えば大内の解説は、新渡戸先生は講義のために十分な準備をされていたのだが、「それをかくしてわざわざ平易に講義されたのであ」り、新渡戸の講義は雑談のように見えて「事実は、なかなかそんなことではなく、ずいぶん凝ったシステマチックな講義であったのである。そのことはこうして講義全体をまとめて通観するとよくわかる」（全四・六四六）のであると続き、新渡戸の講義が決して単なる博識の披歴ではなかったことを示そうとしている。しかし私としては、新渡戸の植民地学の真骨頂は、ドグマやシステム化にではなく、むしろ植民事実の集成にこそあったのであると素直に受け止めたい。

このように、植民地に対する新渡戸の基本姿勢はいかなるドグマやイデオロギー的主張とも無縁のもので、基本的には植民地についてのあらゆる事実を知り尽くそうとする熱意こそが新渡戸をして彼一流の植民地学の構築に向かわせたのであり、このことは、新渡戸の植民地論を正しく理解する上で、まず確認しておくべき点であると考える。

しかしながら植民地に関する新渡戸の言説は、決して単に植民地に関する事実の記述に終わるものではなく、そこには当然、官人として植民地を統括する者としての理念的な目的があった。ではそれはどのようなものであったのか。新渡戸が植民地経営に託した理念を私なりに描き出してみたい。

『植民政策講義』の最終章「植民政策の原理」（全四・一六五—一六七）で新渡戸は、植民地の将来について次のような見解を述べている。地球規模の巨視的な視点に立てば、植民地問題はいずれ消滅するであろう。しかしながら、と彼は続ける。「政治的軍事的植民はなくなりても、精神的植民の問題は残るであろう」。そして精神的植民とは、「何処の思想が何処を征服するかという問題」であり、「何れの国が東洋の文化に最も貢献するか、何れの国が精神的に東洋を植民地とするかの競争」であるとし、さらに続けて、「植民は文明の伝播《でんぱ》である」と結んでいる。「東洋の精神的植民地化」というテーゼ自体は、欧米諸国が中国に大学を設立したりするのに伍《ご》して日本も東洋各地に文化的な進出をすべきだ、という文脈で語られているので、一種のナショナリズムの高揚から出た言葉とも読むことができるであろう。加えて、「文明の伝播」という文言は、当然、西欧流の近代化とも解釈できる。「植民は文明の伝播である」、あるいは「精神的に東洋を植民地とする」という表現に込められた新渡戸の真意は何であったのか。

『植民政策講義及論文集』所収の第八論文「植民の終極目的」（全四・三五四―三七二）は、植民の問題を、人類的・地球的規模で自然との関係も視野に入れつつ論じたものである。その論旨はおおよそ次の通りである。

現今、各国はそれぞれ自国の領土拡張に汲々《きゅうきゅう》としている。しかしおよそ人類万般の事業の中で、植民ほど終極目的が不明でかつ経営の難しいものはない。個人にせよ団体にせよはたまた国家にせよ、植民事業において「成功の月桂冠を戴けるもの」ははなはだ少ない。わずかに成功した者も、そのために「莫大の犠牲」を払わなかった者はない。それゆえ、「個人或《あるい》は国家が果して此目的を達し得べきや大に疑懼《ぎく》の念なき」を得ない。さらに新渡戸は、クローマー卿なる人物の言葉を引いて言う、「かの帝国主義なるものは果して能《よ》く之を実現し得るや否や予之を知らず。世上之を唱道する輩も亦恐らくは然らん」と（全四・三五四）。

帝国主義的植民事業の実現が不可能な理由は、新渡戸によれば一つには、植民は人力だけで為し得るものではなく、そこに「自然力の支配」が加わるからである。例えば、地球の運行は周期的に旱魃《かんばつ》と湿潤を来たし、これが労働者の受容を左右し、その結果、商工業にも影響を及ぼす。このように見れば、気候の変化は国家社会個人の計画よりもはるかに大きな力をもって世界各国の植民を促すのではないか。そして、地球規模の耕作可能地の面積や人口の推移を統計的に示しつつ、次のように述べる。「然るに生民をして其故郷より未開の異郷に向わしむるものは恐くは人類の抗拒し得ざる力の存するに因りて初めて起るが如し」（全四・三五七）。生民が故郷を捨てて異郷に向かうのは、「人類の抗拒し得ざる力」、すなわち「自然」の支配をも受けるからである。そしてこの人力を超えた力のゆえんを問うとき、それは新渡戸においては必然的に「天父」に向かう。「思うに全地球は畑地」であり、「之に人種子を蒔《ま》くもの」は、聖書に「天父は農夫なり」とあるように、「人類以外の一種の力」である。

しかしながら人類は決して拱手して自然の威力に身を任せるのではなく、全地球を積極的に人類が住むに適した地に変えていく。それは第一に科学の力による。科学の力を動員して地を改良し、初めて自然と人とは絶対的な関係、「無二の妙境」に入る。新渡戸はこの境位を「地球の人化」と呼ぶ（全四・三五八）。

しかし自然と人との関係においては、単に人力が自然に働きかけるだけでなく、人類もまた「受動的に森羅万象の感化を」受ける。そして新渡戸は、法華経の功徳品《くどくほん》などをも引きつつ、他日には人の「生《ライフ》」の中に存在する「一種微妙なる作用」が自然環境と感応して、五官が現在は感受不可能なものを感受する、より高度の「理想」の境界に達することがないとは言えないであろうと、常識から考えればほとんど空想に近いようなことまで述べている。このあたりには、前述した超常的世界への新渡戸の関心と通底する発想を見ることができよう。

このように見てくると、新渡戸は現在進行中の植民地運動をいわば過渡的な道程と見て、その先に到来すべき地球規模（グローバル）における人と自然の関係の理想郷を見据えていたと言えるのではなかろうか。さらに、そのような理想郷実現の具体的手段として新渡戸は、土地についての「世界社会主義の実現」を提言している。「之を要するに植民最終の目的即《すなわち》地球の人化と人類の最高発展とを実現するには少なくとも土地に就きては世界社会主義の実現を要すべし」（全四・三七一）。

しかしながら新渡戸は、この「世界社会主義」に関しては、特に踏み込んだ言及はしていないので、それが実現された社会が具体的にどのようなものとして構想されていたのかということはわからない。ここでは新渡戸のこの言葉は、彼の関心が当面の政治的軍事的な植民地争奪競争にはなかったことを確認する証左とするにとどめたい。

こうしたことに鑑みれば、「文明の伝播」ということは第一に、低開発地域における劣悪な生活環境の改善ということにあったと見ることができる。彼は第四論文「南洋の経済的価値」（全四・二六一―二八八）の中で「南洋」の生活実態として「殺児の習慣」、「馘首《かくしゅ》の習慣」、「種族間の葛藤」、「奴隷の制度」、「低度なる生活と不摂生」、「風土病」などを列挙し、これらは文明の移植によって消滅させることができる、と述べている。「若《も》し南洋にして文明的政治行われ、衛生並に生活状態を改めらるるに至らば、土著《ママ》人の労働に関する今日の憂慮は自然に消滅するに至らん」と彼は言う。

しかしその一方で新渡戸は、植民政策においては「原住民の風俗習慣にはみだりに干渉すべきでない」（「植民政策の原理」）と主張し、宗主国の言語や宗教などの強制による宗主国との同化、政治的軍事的制圧などの弊害を説いている。ここからも明らかなように、新渡戸の意図は植民地の文化全般を宗主国のそれと同化させることではなかった。つまり新渡戸の言う「文明の伝播」とは、あらゆる地域が等しく劣悪な生活環境から解放され、「文明」を享受し得るような理想世界を構築することにあったのである。このような社会の実現こそが、新渡戸の言う「文明の伝播」としての植民の目的であったと考えたい。

しかし同時に新渡戸は、文明が人を虚弱にするのに対し、いわゆる「辺境生活」から「男らしい気風」を帯びた有為の人物が輩出すると言い、「リンコーンやエマスンのような人物は、とてもヨーロッパからは出まい」と述べている。その当否はともかく、彼の言わんとするところは、「辺境生活は吾人の殆んど忘れ失《さ》らんとする人間本来の性質を生き返らせるものであって、人類の生活に辺境がなくなれば、人は慣習と伝統とに圧迫されて、つまらない人間となって仕舞う」ということにあった（全四・七二）。この言葉は、先述した新渡戸の「田舎人」志向を想起させるが、ここからも自明なように、新渡戸の言う「地球の人化」、「文明の伝播」とは、決して画一的な西欧的文明人によって成り立つ世界を造ることではなく、多様な人々と文化が共存する世界を築くことであったのである。

おわりに

ところで、多様な文化に生きる人々から成る世界を目指し、そこで人々が平和裡に共存するためには、お互いに他者の生き方を許容しあう「寛容」の姿勢が求められるであろう。ことに、土着の文化を尊重するために問われるのは、異なる宗教に生きる者同士の平和的な共存ではなかろうか。そこで終わりに、新渡戸の信の世界のうちに見られる独特の「寛容」のあり方について一言述べておきたい。

新渡戸は、神を光源とする「内なる光」とそれを受ける人との関係について、次のようなことを述べている。「神の力が人の心に働き、更らに之れが外部に顕わるるに至る有様は、人々の個性によって異ならねばならぬ筈《はず》である。各人同一の神に、其の心が照らさるるなれども、其の光が身の外に顕わるる時は、各々光りの色が違って見える」（全一〇・一八。「宗教とは何ぞや」全一〇・一三―二二）。これは直接にはキリスト者個人のあり方について言われたことであるが、この理解は当然キリスト教の枠を越えていく。新渡戸においては、正統的なキリスト教のようにキリスト教の固有性・絶対性が主張されるよりは、キリスト教もまた世界の諸宗教や哲学とともに、人をより高い存在領域へと導く道の一つと受け止められていた。人をそうした存在の高みへと導く力そのものは、決してキリスト教の専有物ではない。それ故、もしも宗教者としてこの高みに達した他宗教の人を互いに同胞として認めることを拒む者がいれば、それは彼が「まだ真理に達していないしるし」（「日本人のクエーカー観」A JAPANESE VIEW OF QUAKERISM 全一五・三三二―三五二）なのである、と新渡戸は言う。

だが新渡戸自身が「内なる光」の中に見たものは、あくまでも「王の王」としてのキリストであり、彼の究極の目的は、キリストが建てた「神殿」に入ることにあった。しかしそれは、キリストとその神殿が彼の心にとって唯一の安らぎの場であったからであり、そこが諸々の神殿の中で最高の場所であったからではない。彼の心は、彼自身にとっての最高価値であるキリストによって実践的に満たされることで充足するのであり、その価値の形而上学的、思弁的真理性を問うことは、彼の関与するところではなかったのである。ここに、ユニテリアン主義や宗教折衷主義と、新渡戸の姿勢との根本的に異なるところがある。またここには、信仰の世界に〝つきもの〟の、いかなる「ドグマ性」もなく、他者との競合や緊張関係とは無縁の静謐《せいひつ》な世界がある。ここには、価値観の多元化の時代に、諸々の立場が共存し得る可能性の一形態を見いだすことができるのではなかろうかと考える。

注

本論は、二〇一三年三月二二日、東京女子大学で開かれた日本基督教学会における講演の発表原稿に加筆・修正したものである。また本論の作成にあたっては、論文構成の必要上、これまでに学会や紀要等で発表したものや自著を引照しているので、部分的に既出の文章と重なっているところもあるが、全体としては今回新たに作成したものである。

なお、新渡戸のテキストからの引用は新渡戸稲造全集編集委員会編『新渡戸稲造全集』全二三巻（教文館、一九六九—一九八七年）により、引用箇所については文中の（　）に記した。

（1）新渡戸のキリスト教世界のあり方が、絶対的な超絶者としての神と罪人としての人間との対峙という、いわゆる正統的キリスト教信仰のそれと異なるため、ここでは「信仰」と言わずあえて「信」という言葉を使った。

（2）佐藤全弘『新渡戸稲造——生涯と思想』キリスト教図書出版社、一九八四年、四五九頁。

（3）湯浅泰雄は「新渡戸稲造博士と超心理研究」（湯浅泰雄『宗教経験と深層心理』名著刊行会、一九八九年、太田富雄ほか監修『湯浅泰雄全集　第二巻』白亜書房、二〇〇〇年、六七一—六七五頁）という短文において、新渡戸のこうした関心が「現代の超心理学の発展を予見したような言葉である」と述べ、新渡戸と超常能力者との接触例を紹介した上で、新渡戸の文章「霊的の現象」の、次のような結びの言葉を引用している。「何故にかく数百言を費して此の事を述べたかといえば、一には洋行帰りの面白可笑しき土産話とする為でもあるが、尚その外に偽物多き中にも、真実なる霊的の現象もありそうであると思うからである。若しそれがあるとすれば、これほど尊い賜物は人類になかろう。……中略……現今のいわゆる科学学術の力によって説明出来ぬものは世にない如く思うこそ、却って迷信の甚しきものにして、現今の科学の方法を過信するものは、人間の理性の力を測り誤るものと言わざるを得ない。……後略……」。

（4）原英文。佐藤全弘の訳を参照して鵜沼が訳した。

（5）松隈俊子『新渡戸稲造』新装版第一刷、みすず書房、一九八一年、七一―七二頁。

（6）『植村正久著作集　第7巻』新教出版社、一九六七年、八一―九三頁。

（7）柳田國男「郷土会記録」、『定本柳田國男集　第二三巻』新装版、第26刷、筑摩書房、一九八八年、一〇八頁。

（8）『定本柳田國男集　第四巻』、新装版、第30刷、一九八八年、六五頁。

（9）『定本柳田國男集　第三巻』新装版、第29刷、一九八八年、二五一―三〇四頁。

（10）一九八一年八月二六日付「毎日新聞」夕刊に、飯沼二郎が「新渡戸稲造は自由主義者か」と題する論考を載せて新渡戸の植民思想を批判したのに対して、佐藤全弘が同紙同年の九月四日付夕刊で、「新渡戸稲造は「生粋の帝国主義者」か」と題する一文（『新渡戸稲造の信仰と理想』教文館、一九八五年、四二八―四三三頁に収録）で激しく反論した。なお飯沼には、矢内原忠雄の場合と比較しつつ新渡戸を帝国主義下に植民政策を推進した官人として批判した論考「新渡戸稲造と矢内原忠雄」（同志社大学人文社会研究所『近代日本社会とキリスト教』一九八九年、『飯沼二郎著作集第五巻』未來社、一九九四年に収録）がある。

参考文献　（注にあげたものを除く）

佐藤全弘編著『現代に生きる新渡戸稲造』教文館、一九八八年
太田雄三『〈太平洋の橋〉としての新渡戸稲造』みすず書房、一九八六年
佐藤全弘『新渡戸稲造の信仰と理想』教文館、一九八五年
佐藤全弘『新渡戸稲造の世界――人と思想と働き』教文館、一九九八年
東京女子大学新渡戸稲造研究会編『新渡戸稲造研究』春秋社、一九六九年

第四章

波多野精一の他者理解

はじめに

波多野精一は、キリスト教史よりもむしろ哲学史の中で取り上げるのがふさわしい存在であろう。三部作と称される代表的な業績、『宗教哲学』（一九三五年）、『宗教哲学序論』（一九四〇年）、『時と永遠』（一九四三年）は、いずれもキリスト教神学書ではなく宗教哲学の範疇《はんちゅう》に属するからである。しかし、言うまでもなく波多野はキリスト教信仰に生きた学者であり、その学問的立場の基盤はキリスト教にある。本論文は波多野の「他者」理解に焦点を当て、その視点から彼の世界の一端を考察しようとするものであるが、その際、これを哲学史の文脈においてではなく、近代日本のプロテスタント・キリスト教史の中に置いて吟味検討を試みたいと思う。

湯浅泰雄は、波多野が「キリスト教の信仰に生きた哲学者」であったためか、その思想は、「キリスト教界ではきわめて高い評価を受けているにもかかわらず、一般の思想史研究者は、その存在をほとんど黙殺している観がある」(1)と述べている。いま、この言葉の後半部分はひとまず措くとして、キリスト教界で高い評価を受けているという指摘については、一応誰もがこれを首肯するであろうが、それは必ずしも波多野の世界を十分に知った上でのこととは言えないように思われる。実際、これまで波多野精一については、近代日本のキリスト教史の叙述中で、断片的な言及はあるものの、正面から取り上げられ位置づけられることはほとんどなかったと言ってよい(2)。波多野の学問的業績については、石原謙、片山正直、村松克己、宮本武之助、そして最近では村松晋等による精緻な論考があるが(3)、日本のプロテスタント史全体の流れからは、いわば〝浮き上がった〟ような観があるのは否めないであろう。

その理由として一つには、波多野が学問一筋の孤高の人で、生涯一貫して時代に超然とした姿勢を保ち続け、対社会的な発言をほとんどしていないので、キリスト者の対社会的発言を重視する大方のキリスト教史家の関心を引きにくかったのではないか、ということが考えられる。このことは湯浅泰雄の、波多野哲学では「倫理学の位置づけが不明確」であり、「全体としてみれば、波多野哲学は時間の世界から永遠の世界に至る上昇運動ないし往相《おうそう》に力点をおき、永遠から時間へと下降する還相《げんそう》はあまり考えられていない」という指摘に呼応するであろう(4)。ちなみに、波多野の代表作の一つである『時と永遠』は、敗戦のわずか二年前に脱稿・出版された書物であり、このこと自体、世俗社会に超然とした波多野の学風を象徴しているかのように思われる。

ただしここで一つ付け加えれば、加藤常昭の回顧によると、加藤が青年時代に本書の発売日を新聞広告で知って岩波書店に買い求めに行ったところ、神田本屋街の同書店の前に、本書を購入しようとする人々の長い列ができていたという。(5) 筆者は、出版統制がきわめて厳しかったこの時代に、なぜ本書のような時局に無縁の、しかもキリスト教色の明確な書物が出版されたのか、またそもそも読者を得る当てがあったのだろうかと不思議に思っていたが、当時、読者の側にもこうした書物への渇望があったと知ったことは、まさに衝撃に近い驚きであった。このことを思い合わせるとき、波多野による同書の執筆は、決して時代を無視した〝ひとりよがり〟の営みではなかったと言えるのではなかろうか。戦後の荒廃期に、西田幾多郎の『善の研究』を買い求めようとする人の行列ができたという話は、半ば伝説化して語り継がれているが、波多野の『時と永遠』にまつわるこのエピソードは私にとっては初耳であり、その意味の深さにおいて、『善の研究』のそれに匹敵する（むしろ上回る）「出来事」のように感じられた。

さらに波多野の学問が、当時のキリスト教伝道の主流をなしていた、アメリカ起源の教会や神学校ではなく、ドイツ学と官学アカデミズムを背景として形成されたものであったことも、波多野の存在を「キリスト教史」の主流から疎外する一因となったと思われる。

もう一つは、冒頭にも述べたように、波多野の主要な仕事が宗教哲学の範疇に属するものであったため、神学史の考察からも脱落したのではないかということである。加えて彼の業績は、例えば「救済」よりも「創造」が優位を占め（イエス・キリストやそれを窺《うかが》わせる存在は出てこない）、また「終末」ではなく波多野独自の理解にもとづく「将来」が語られるなど、総じてその基本的性格は、キリスト教を基盤としつつも、教会を中心に形成されてきた福音的なキリスト教の枠内には収めがたいので、日本における神学的思索の原点としての位置づけも与えにくかったのではなかろうか。要するに波多野の存在は、いわば哲学史とキリスト教史の狭間に落ち込んで、そのいずれからもしかるべき扱いを受けてこなかったという感がある。

しかしながら、類い稀《まれ》な学才と深い宗教性と透徹した論理的思考の結晶ともいうべき波多野の業績が、近代日本キリスト教史の中で十分な位置づけがなされぬまま、単に彼の「令名」のみが独り歩きしているとすれば、それはまことに不当なことと言わねばならない。例えば、ドイツ留学（一九〇四―一九〇六年）で学んだ宗教史学派の方法を本格的に導入したことにより、日本にアカデミックなキリスト教学の基盤を据えたことひとつをとってみても、波多野の存在と業績は、日本のキリスト教史上に重要なエポックを刻んだものとして特記されるべきであろう(6)。

筆者はこのたび折を得てあらためて波多野精一の著作を読み直し、その、時代に抜きんでた学問性と深い宗教性に瞠目《どうもく》させられ、彼の世界の一端にでも触れてみたいと思い立った。本論は、波多野の思想の全容ではなく、彼の「他者」をめぐる思索に焦点を当て、その視点から彼の世界の考察を試みたものである。それはたまたま、聖学院大学総合研究所による「グローバリゼイションの文脈における総合的日本研究・研究会」の当時の継続的研究課題が「日本における自己と他者」であったので、その視点で当代の関連文献を読み直していたところ、波多野の業績の中に、「他者」をめぐるきわめて深い思索がなされていることに気づいたためである。自己と神との関係問題にもっぱら関心が集中していた当代の日本キリスト教界において、「他者」の固有の意味をめぐってなされた波多野の思索には、きわめて重要な思想史的意義を見いだし得るのではないかと思われたのである。そこで、会の研究作業の一環として、波多野の世界をこの視点から再把握してみたいと考えたのである。

さて生成期の日本のキリスト教徒にとっては、もっぱら神と自己との対峙《たいじ》の姿勢を整えることが第一義的な課題であった。すなわち、福音の内容全般にわたることはさておき本論の課題との関連で言えば、時勢の中ではからずも（信仰的には摂理的に）出会い畏服することとなったこの「新しい神」をどのように受け止め、かつその神と自己との関係をいかに確立するかということが、彼らに課せられた喫緊の課題であった。そこでは、人間存在を神のもとにあるものとしてとらえ直し、新しい個を確立することが目指されたが、その際、自己以外の人間はあくまでも人間一般であり、「他者」自体の存在やその価値が、それとして深く問われることはなかったと言ってよいであろう。そして、神に対峙するものとしての「自己」が新たな価値を付与されて自立したとき、「他者」は自己の延長、あるいはせいぜい自己と同等の存在であり、自己の内容が無反省に投影された存在としていとも安易に処理された感がある。加えてそこには、伝統的な「間柄」関係からの脱出を果たした（と確信した）自己が、新たに「神」という盤石の力を後ろ盾とした力に酔い、その結果、あるときは尊大となり、あるときは逆に低迷し凋落《ちょうらく》するという危うさもはらまれていた。要するに当代のキリスト教界では、「他者」そのものを問いの対象とするという思想的営みは、少数の例外を除けば、いまだ自覚的になされたことがなかったと言ってよい。[7]

そうした状況の中で、「他者」の固有の意味とその存在根拠を問うたのみか、「他者の実在性を、自我より導き出し得ぬ根源的事実として前提」した哲学の体系化を試みたのが波多野精一であった。それは、まず「自我」をすべてに先行する根源的な事実として措定し、そこから「他者」と自他関係を構築していくという行き方とは根本的に異なる道程をたどるものとなる。それ故波多野は言う、自らの宗教哲学が目指す究極の境地である「宗教的生」の段階に至るには、哲学者らが要求し主張する「所謂《いわゆる》無前提の立場、――孤立的自我の全能の夢――を潔くかなぐり棄て、すなおに『他者』（他我）の実在性の前提に立つことを覚悟せねばならぬ」（傍点鵜沼）のであると。近代の自我が跋扈《ばっこ》する思想環境のもとでは、近代哲学が無条件の前提とする自我独尊の立場を捨てて『他者』の実在性の前提に立つ」ということは、日本の伝統的な思想状況から背き出て孤立することでもあるので、それはあえて「覚悟」して引き受けねばならぬ立場とならざるを得ないのである。そして波多野宗教哲学においては、それこそが「宗教的生」において初めて可能となる「『愛』の立場」に他ならないとされた（以上、『波多野精一全集Ⅳ』『宗教哲学』一八二頁より。以下、『宗哲』一八二と略記）。

以上のことのもつ意義を日本キリスト教史の文脈でとらえ直すなら、波多野における「他者」の定立は、自我の自立によって見失われた他者の再獲得、その価値――根源性――の新たな発見であるとともに、キリスト教信仰のもとでの新たな自他関係の構築への指針ともなり得るであろう。そのような見通しから本論では、波多野のいわゆる宗教哲学三部作、特に『宗教哲学』を中心として、波多野が提示した「他者」の意味を検証し、併せてその日本キリスト教史上の意義について若干の考察を試みたいと思う。

一　波多野精一の世界の基本像

まず本論に先立って、先行する諸研究に教えられながら、本論文に必要な範囲内で波多野精一の世界の基本を押さえておきたい。

『宗教哲学』三部作の第一作『宗教哲学』の「序」に波多野は、次のように述べる。「宗教哲学は飽くまでも宗教的体験の理論的回顧、それの反省的自己理解でなければならぬ」（『宗哲』四）。

ここに見るように、波多野宗教哲学の特質は、その体系の基盤・礎石を宗教的体験に置くことにある。宗教的体験とは、自己が「現実世界を超えて遥かに高き実在との関係に入る」（『宗哲』七）こと、彼の言う「絶対的実在」と自己との「人格的な交わり」の体験である。そしてその「理論的回顧」・「反省的自己理解」、すなわち体験内容の哲学的な基礎づけが彼の宗教哲学を構成する。その意味で波多野宗教哲学は、単なる形而上学的な哲学でも、歴史的な宗教現象や思想の考察を事とする学でもなく、あくまでも「宗教的体験を前提」とした哲学的人間学（『宗哲』四）であると言うべきであろう。

さて波多野は人間の生を、自然的生、文化的生、宗教的生の三段階に分ける。すなわち波多野は、彼が「生」の最高の境地とする「宗教的生」のいわば前段階として、「自然的生」・「文化的生」の二段階を想定する。そして波多野宗教哲学が最終的に目指すものは、「生」の最高段階としての「宗教的生」に至る階梯《かいてい》を、特に自他関係のありようを重要な軸として検証し、その極に開かれる「宗教的生」の本質を示すことにあった。そこでまず、この生の各段階の内容について簡単に押さえておきたい。

まず「自然的生」は、そこに「一切の存在の基礎」（『波多野精一全集V』『時と永遠』一三頁、以下『時』一三と略記）が置かれる生の始源的な段階であり、あらゆる存在はここを基盤として形成される。ギリシア語の「自然」（phusis）は、古来「基本的根源的存在の意」をもち、そこからして「人為的作為的なるものの反対を意味するに至った」。そして、「ありのまま・単純・直接等の意味あい」がそれに付随する。すなわち、いまだ自他の分化や認識が生じない状態で、自己が他者と「ありのまま・単純・直接」に関係する状態である。ただ湯浅泰雄も指摘するように、「自然的生」については次の「文化的生」に比べてきわめて簡単かつ断片的な記述しかなされておらず、その意味するところもいまひとつ明確ではない。しかし、「自然的生」における生き方は、「生の最も基本的根源的姿」であり、「この土台の上に文化的人間的生は建設される」（同上）とされているところからも、波多野においては、「自然的生」における人間の原初的なあり方、実在するあらゆる事物との直接的な関わりに、その宗教哲学体系の基盤が据えられていることは明らかであろう。

次に「文化的生」は、「自然的生」での他者との直接的な関係からの離脱、「自然的生における没頭・拘束・緊張よりの解放」を意味するという。このように主体が自己を取り巻く世界に埋没している状態から脱するとき、「主体と客体とのこの分離」が生じる。それは一方に「自己意識」を、他方に「客体の意識」をもたらし、ここに「主体は『我』又は『自我』として成立つ」（『時』二一）。こうして外界からの自立を果たした「自我」としての主体は、他者（人・ものを含む）に働きかけて「自己の存在の主張」、つまり自己表現を自在に貫徹する場を獲得する。これが、自我が文化を形成する段階としての「文化的生」である。

最終段階としての「宗教的生」は、自己形成の主体としての自我が、啓示的な契機によって「絶対的他者」（神）に自らを委ねるところに開かれる生の究極的段階である。それは、実践的にはエロースからアガペーへの転換であり、ここに、「愛の共同態」としての「他者との生の共同」が完全な姿をとって実現することとなる。

二　生の各段階における自他関係

さて以上の素描からも窺えるように、その時々に自己が生のどの段階にあるかということは、言うまでもなく主体が関係する対象の如何によって定まるのではない。例えば、自然を対象とする営みがなされるところは自然的生の段階であり、文化を対象とする場合は文化的生の段階であるというように。では自己が生のどの段階にあるかということは、どのようにして定まるのか。そもそも波多野においては、自己が実在するということは、「自己にとって他なるものとの関係交渉に於て立つこと」（『宗哲』一四六）であった。それ故、自己のあり方にとって、「他なるもの」（ここでは、人ばかりでなく、物や価値的なもの、神的存在をも含めた他者一般と理解しておく）に対していかなる態度をとるか、自己によって他者がどのような扱いを受けるかという、他者に対する自己の関わり方如何が重要となる。このことを波多野は、次のような平易な例をもって語る。「普通『もの』として取扱われ呼ばれるもの、例えば一枝の花、一しずくの水も、それ自らの実在性を主張するものとしてわれに迫り来り又われに何事かを訴え何事かを語る。かかる限りそれは実は物的ではなく『人』的な存在を保つのである」（『宗哲』一四八）。ロゴスやイデアに関わる「イデアリスムの哲学」は、それ自体は文化意識に根ざすものであり、その意味で「文化的生」の範疇に属するものであるが、それが実践への指針、生にとっての理想となるとき、その体系の頂点は「高く宗教の世界にまでも聳《そび》え立つが故に」、それは「天上かなたの光を反映」するものとなるので、ここに「文化主義、人間主義」は「それの宗教」を見いだすことになるという（『宗哲』八八）。その時イデアリズムの哲学は、「形而上学の形に於てそれ自身宗教の資格を得、それの特色ある一形態一類型を形作る」（『宗哲』八五）こととなるのである。このように、「文化的生」に属する事象であっても、それに対する自己の関わり方の如何によっては、その行為は「宗教的生」の現れの一つとなるのである。そして、生の各段階における自他の関わりをめぐる思索が、波多野宗教哲学の核心を構成することとなるのである。

そこで次に、生の各段階の内容を、他者と自他関係のあり方をめぐる波多野の思索に焦点を置いて、自然的生の段階から順を追って見ていくこととする。それは、現実を超えた俯瞰《ふかん》的な視点が獲得され、そこから他者一般がとらえ直される過程を追うことであり、併せてそこに開かれる究極的な生のあり方を明らかにする作業となるであろう。

「自然的生」の段階

まず「自然的生」の段階では、主体は「自然的実在」として存在し、その立場で自己主張・自己表現をする。ここでは、自然は「一切を物件化客体化しようとする」営みにおいて存在するものとなるので、一切の「他なるもの」は主体の自己実現の手段であるにとどまり、すべての他者は、主体に従属するものとして主体のうちに吸収されてしまう。したがって、ここでは他者はそれ自体の存在意義において在ることができず、他者の実在性は成立しない。ここでは、他者は客体としてのみ主体に関わるので、他者の人格的実在性は撥無《はつむ》され、主体の営みは他者に対する破壊的行為以外のなにものでもないのである。それ故、もしこの立場が貫徹されれば、「共同態は消え失せねば」ならない、すなわちここでは「共同態」の形成は不可能なのである。

「自然的生」の段階でも文化と称するものは形成され得るが、それは畢竟《ひっきょう》、主体にとっての手段としてのみ成り立つにすぎない。したがってこの立場の帰するところは、「あらゆる生の自己壊滅あらゆる実在の夢幻化に他ならぬ」のであり、「自然主義〔「自然的生」は時に自然主義とも呼ばれており、波多野はこの段階を自然主義と同視しているように見えるふしがある・鵜沼〕の唱える文化論は実は自己の無為無能の告白に等しいのである」。そして、自然主義の立場にあっては、「地盤そのものの陥没とともにあらゆる建築、従って勿論上層建築も土けむりの如く」姿を消さねばならぬのであるという（以上、『宗哲』一五八―一五九）。波多野にとって、共同態の形成に積極的な意味をもたぬ存在様態の主体は、「自己」として「無為無能」であり、また他者にそれ自体としての存在意義を認めず、他者を自己に呑み込む仕方で形成された文化は、所詮、崩壊せざるを得ないものであった、ということであろう。

ところで先に触れたように、「自然的生」はそれ自体が「一切の存在の基礎」であり、あらゆる存在がここを基礎として形成される根源的な場であった。逆に言えば、「自然的生」における存在なしには、なにものも存在し得ないことになる。にもかかわらずこのように、「自然的生」とその段階における文化形成行為それ自体には積極的な意味が与えられておらず、結果的に「自然的生」が総体としてこのようなネガティブな位置づけに終わっているのはなぜであろうか(8)。

思うに波多野にとっては、次の「文化的生」、「宗教的生」の立場を単なる思弁的空論的な観念の体系に終わらせないために、「ありのまま」の現実として存在する生の段階を、その宗教哲学体系の基盤に据える必要があったのではないか。そして、この基盤なしには上位の立場での営みはあり得ないことを確認しておくことが必須であったのではなかろうか。すべての主体が、現実的な生の営みの場としての「自然的生」の必然的な拘束のもとにあり、上位の段階がネガティブな意味をもつ「自然的生」の上に築かれるものであるならば、上位の段階への上昇のためには、主体の現実のありようを否定・克服する努力がなされねばならない。それは時には、自己を打ちたたく苦行を伴う体験でもあったであろう。われわれは、波多野が出発点として「自然的生」の段階を置いたことの背後に、波多野宗教哲学が単なる論理的な思弁によって構築されたものではなく、「血と涙の体験」から紡ぎ出されたものであることを察知すべきではなかろうか。波多野にとって「自然的生」における主体の存在は、「実在性」としての

他者との「共同態」を築くために、厳しい自己拘束を伴う努力によって克服されねばならない対象でもあったと考えたい。(9)

「文化的生」の段階

「自然的生」を基盤としてその上に成り立つのが「文化的生」である。先に触れたように、「自然的生」における自己表現・自己実現は、他者の実在性を認めぬものであるが、他方、他者もまた同様な姿勢で「自己貫徹拡張へと突進」するので、そこに現出するのは、等しい姿勢で存在するもの同士が互いに「ひたと行きあい正面より衝突」するという事態となる。そこでは結局、「他を滅ぼし自らも滅びる外に途はない」。そこでのあらゆる営みは、「事志に反して」自滅への道をたどらざるを得ないのである。したがって当然のことながら、ここでは共同態の構築は望むべくもないこととなる。

「文化的生」の本質は、「この難関を克服し他者の圧迫侵害より解放されて自由の天地に飽くまでも自己主張を続けようとする所に存する」。「文化的生」においては、主体にとって、「自然的生」の段階における自他の直接的な関係交渉からの離脱、そこでの「没頭・拘束・緊張よりの解放」が生じる。同様の解放は客体としての他者にも生じるので、そこに主客の分離が生じる。ここにおいて、これまで主体の生の内容にすぎなかったものが、客体として主体と対置されることとなる。ここに「反省」が生じ、それとともに自己意識と客体の意識が生まれ、「かくて主体は『我』又は『自我』として成立つ」こととなる。こうして主体は、文化的生において初めて「自由と独立とを楽しみつつ」自己主張、自己実現に向かい得るもの、すなわち「自己」となるのである（以上、『時』二一―二二）。

この段階においては、もろもろの価値体系・理念的なものが、新たに他者として自己に関わるものとなる。ここにおいて、「質料」としての他者は、自我となった主体の営みの対象となることにより、それ自体、価値として自己形成をするものとなる。ここでは主体と客体とが引き離されて、客体が一応主体から自立するので、主体は背景に退くが、しかしなお、われわれの日常体験が教える通り、主体は常に「わが権利を主張する」ので、そこには絶えず、自然的生の直接的な自他関係に逆転する危険がはらまれている。それ故そこでは常に、「自然的生への逆転を食止め」、「文化的生の立場に飽くまでも踏留まろうとする」努力がなされねばならない。そうした努力によって主体の直接的な実践態度は後方に退き、主体の営みは「観想的態度」によって支配されることとなる。ここに、「文化主義」「イデアリスムの世界」が成立するのである（『宗哲』一六六）。

では、生のこの段階における自己の他者に対する扱いは、どのようなものとなるのであろうか。ここでは、「主体を主体として成立たしめる」行為は、「客体に於ての又客体を通じての自己実現」（『宗哲』一六六）であるので、客体は主体にとって、所詮単なる「可能的自己」であるにとどまり、その限り、自己実現の質料であるにすぎないこととなる（『時』二四―二五）。

こうして、「自然的生」の段階と同じく「文化的生」の段階でも、「他者としての客体が自我のうちに全く取入れられる」という事態が生じるのであるが、それは他者にとっては「自滅」を意味する（『宗哲』一七〇）であろう。真の「実在」は主体同士の共同において成り立つものであるとすれば、共同は常に他者を必要とするので、他者の「自滅」と「自我の独舞台」は、つまるところ「あらゆる実在の、従って自我そのものさえの没落を意味する」（同上）こととなるであろう。

波多野は、文化の立場の徹底としてのイデアリズムにおいては、優れた自己が思想や理念などのかたちにおいて自己実現を成し遂げるなら、そこには時に宗教にも通じる「絶対的実在の体験」が生じ得ることを認める。しかし、と彼はさらに問いかける。たとえこのような純化されたイデアリズムの世界においてであっても、「他者を他者たらしめる主体」としての自我は、果たして存在し得るであろうかと。それは、そこでは果たして他者は真の他者として維持され得るか、という問いにつながるであろう。その問いに対して波多野は迷わず「否」と答える。なぜなら、徹底したイデアリズムの世界では、主体と言い自我と言っても、それは所詮、「可能的普遍的観念的存在者」（『宗哲』一七四）であるにすぎず、そこには現実的な主体や自我は存在しないからである。「イデアリスムに於ては主体や自我などと呼ぶものは実は客体の一種に過ぎないのである」（『宗哲』一七二）。そこでは、主体と関わるのは「他の主体」、すなわち「汝」ではなく、人間一般としての「ひと」にすぎない。ここでも、共同態の成立にとって必要な他者は消滅せざるを得ない。こうして、たとえその営みがどれほど純化徹底された域に達していようとも、「文化的生」の段階では、真の共同態の成立はいまだ不可能なのである。それ故、人は、生の最高段階としての「宗教的生」へと昇らねばならぬのである。

三　「文化的生」から「宗教的生」へ

イデアリズムの哲学

では、生の究極的段階としての宗教的な生には、どのようにして到達し得るのであろうか。「文化的生」から「宗教的生」への上昇にとって重要な意味をもつとされるのは、まず「イデアリスムの哲学」である。波多野は「文化の生活に内在し得る限りの宗教的傾向はイデアリスムのそれ以外にはあり得ない」（『宗哲』一〇七）と、「イデアリスムの哲学」に、宗教への階梯としての積極的な意義を見いだそうとする。

前項でも触れたように波多野は、文化、特に「イデアリスムの哲学」に宗教的要素、あるいは宗教性への近似性を認める。すべての「イデアリスムの哲学」は、何らかのかたちで「自然的存在への決別、それよりの解放を要求」するので、ここにまず、哲学の「宗教的契機」が認められる。かつ宗教の世界は、「イデア性観念性のそれ」でなければならないので、ここにわれわれは宗教とイデアリズムの哲学との「本質的一致を発見する」（『宗哲』七九）、と波多野は言う。「真理の拘束力を体験する限り、吾々はロゴスに於て実在に出会うのである」（『宗哲』八四）。

ここで、波多野宗教哲学において重要な意味をもつ「実在」という概念について触れておきたい。

湯浅泰雄は波多野哲学の問題点の一つとして、「実在」という概念の不明確さをあげている。湯浅はその理由を、実存哲学に対する波多野の屈折した姿勢に求めている。湯浅は、波多野は自分の宗教哲学への実存哲学の影響を明確に語ることを好まず、そのためあえて「実存」という語を避けているかに見えるが、実は、ある時は「実在」は「実存」とほとんど同義に用いられている、としている。すなわち、「実在的主体」という場合の「実在」は、ほぼ「実存」に近い意味で用いられている。しかし「実在的他者」という場合は、人と物の両方を含む。また、人や物の実在と、神が実在するという場合とでは、実在の意味が全く異なるはずであるのに、波多野においては実在概念の内容は何ら説明されておらず、「自然的生」や「文化的生」における主体と他者との関係が、そのまま「宗教的生」における実在的主体と他者との関係に持ち込まれている、と批判的に述べている[10]。

確かに湯浅が指摘する通り、波多野においては実在という語が明確な概念規定のないまま場面場面で多様に用いられており、そのことが波多野宗教哲学に対する理解の妨げとなっていることは否めない。ただ本論ではそのことに対する吟味は措き、「実在」という語が文脈に従って読み分けられねばならないものであることを指摘しておきたい。併せてのちに見るように、神が「実在的他者」・「絶対的他者」と称されていることを確認しておきたい。なおこの実在概念の不明確さがはらむ問題性については、本論の最後に取り上げることとする。

イデアリズムから神秘主義へ

さて、波多野宗教哲学において、「イデアリスムの哲学」とともに「宗教的生」への階梯として重要な意味を与えられているのは「神秘主義」である。神秘主義はイデアリズムの「徹底化」であるとも言われているように、それはイデアリズムの哲学のさらに上位に位置し、宗教的生の地平はそこを通過することによって開かれるとされる。ここで少しく、その消息について述べよう。

先に触れたように波多野は、哲学的真理の探究を目指す営みにおいて、宗教性にも通じる体験が生じ得ることを認める。それは例えばプラトンにおける「善のイデア」のような、個々の真理に「実在性」を与える「真の光」を体験することは、時にそれ自体、宗教性を帯びるかのようにも見えることを言う。しかし、そこでの「飛躍」・「超越」は、真の宗教体験の見地からすれば、所詮「あだなる望みにおわらねばならぬ」のである、と波多野は言う。なぜなら、哲学的真理の「優越性」は、「要するに同等なる者どもの間の首位であるに尽きて居る」のであって、思惟と存在を超越すると称される最高のイデアでさえも、「依然としてイデアであり存在者であるには変りがない」（『宗哲』九八）からである。したがって、もろもろの論理的関連をたどる哲学的思索の極みにおいて「最高無制約的イデア」なるものに出会おうとする試みは、結局、すべて挫折せざるを得ないのである。

このイデアの地平からの徹底的な「飛躍」をもたらし、主体を「絶対的実在」の体験に向けて整えるのが「神秘主義」である。波多野によれば、神秘主義において体験される「一者」は単なる「多者の統一」（『宗哲』一二五）ではなく、「無」としての「一者」である。すべてのものを意味あるものとして成り立たせる「純粋の一者」（神）は、実は内容・実質・意味等をすべて超越する存在であるので、そうした「一者」との出会いのためには、われわれは「あらゆる内容あらゆるイデア」の否定に向かって飛躍を試みねばならない。そしてこの飛躍が生じるとき、人はもはやイデアリズムの地平ではなく「神秘主義の国の住人」となるのである。神秘主義において体験されるのは、一切の実在するものの「無」の体験である。この世界の存在と内容とを「提《さ》げて無に帰するという体験」が「純粋なる宗教」にとっての不可欠の特徴であり（『宗哲』一〇八）、この特徴を最も顕著に現すものこそ神秘主義なのである、という。

さて宗教の本質は、このように現実の世界を否定し超越することにある。宗教的体験の対象としての「聖なる絶対的実在」は、現実世界の徹底的な否定、そこからの「徹底的超越」を要求する存在だからである。神秘主義における「無」の体験は、宗教体験としては、聖なる「絶対的実在」としての神に出会う体験として生じるという。

その体験は、次のような畏怖すべき光景として描出される。「純真なる神秘主義に於ては、対象は多者を、世界を、この『われ』を、全く無となす所の、厳粛なる猛烈なる超越的一者として体験される」（『宗哲』一二五）。それは、「吾々の全き人格を挙げて、吾々自らの中心を以て、それと接しそれと合し、それの威力に屈服すべくそれの深みに投げ込まるべきものとしての『無』である」。そのようなものとしての「真の無」を体験することは、主体にとって、「実は超越的なる高次の実在、絶対的実在［神・鵜沼］の啓示の仕方に過ぎないのである」（『宗哲』一二六）。それは、現実の水平の世界に突如として現れる垂直線のごとく、ふいに現出する。そしてこうした体験は、一切の存在が「無」の上に立つものであることを「暴露」するのであるという。波多野におけるこうした無の理解は、存在の否定としての無ではなく、彼自身言及するように、エックハルトにおける「無」、すなわち、神との合一のために経なければならない、「すべての相《すがた》すべての生《いのち》を壊滅に導く、物すごき『荒野』（Wüste）、『深淵《しんえん》』（Abgrund）」（『宗哲』一二五）としての体験的な無の地平であろう。「神秘主義及びそれの『無』」とは波多野にとって、「世界の連続性が超越的実在にひたと出会って断絶を命ぜられ、世界の平面が上よりの垂直線に突抜かれて壊滅を来した、その刹那の光景」（『宗哲』一二九）という、超越（神）との厳粛な出会いの宗教的体験を意味するものでもあった。こうして絶対的実在としての神は、あらゆるものが否定され無化される体験において、初めて出会われるのである。（ここには、波多野自身も言及しているように、R・オットーの言う「聖なるもの」の体験の反映を見ることができるであろう。）

四　「宗教的生」と「愛の共同態」

人格と象徴

このような、神秘主義における「無」の体験を通路として開けてくるのが、「宗教的生」の段階である。そこにおいて、主体は互いに「人格」として交わり、かつ「絶対的実在」としての神と出会う。そこでの実在間の関係のあり方を波多野は、単なる擬人的なそれと混同されてはならいことに注意深く配慮しつつ、あえて「人格主義」と呼んでいる。

「人格主義」が成立する基盤としての「人格」について、波多野は次のように説く。無関心に傍らから眺める「人」は、実はまだ人の姿をした「もの」にすぎない。その「人」が「互に語りあう所の、互に実践的関係に立つ所の、行為する所の」（『宗哲』一四五—一四六）主体の表現となったとき、すなわち他者と対面的な関係に入ったとき、そこに「人格」が成立するのである、と。さらに波多野は、「人格性」は「実在性と極めて密接なる連関に立つであろう」（『宗哲』一四六）と、人格性を実在性と関連づけているが、この場合の「実在」は、前に触れた湯浅泰雄の指摘に従えば「実存」とほとんど同義である考えてよいであろう。

ここで、「人」が「人格」へと変容するに際して重要な役割を担うのが「象徴」である。波多野は、形而上学と宗教との相違について、前者が「絶対的実在」を思惟による学的研究の対象として解明しようとするのに対し、宗教は（その体験内容は思惟によって体系化されるとしながらも）「譬喩《ひゆ》的象徴的」（傍点鵜沼）に啓示される「絶対的実在」の体験を前提とすることにある、としている。

一般的に宗教における象徴とは、聖なるものを指し示す具象的な徴を意味するが、波多野によれば「象徴」とは、一切の存在がそれ自体のもつ意味を奪われ、「寧《むし》ろ自己の外の何ものかを指ざす」（『宗哲』七八）ものとなることであるとされる。これを人に即して言えば、人が人格として観られ扱われるのは、背後に隠された「己ならぬもの」の「象徴」（『宗哲』一四六）となることによってである、ということであろう。すなわち、人の実在的他者性が、人において象徴として宗教体験的に顕現するとき、そこに人は「人格」として立ち現れるのである。これは、畏怖すべきものを、人間に聖なるものの力・神意を啓示する宗教的象徴と受け止める、Ｍ・エリアーデの言う「聖なる顕現」と重ねて理解することもできるであろう。

「宗教的生」と「神」

さて波多野においては、一切の実在するものが「象徴」化されることが「全能や創造の思想の心髄」（『宗哲』七八）であり、宗教とは万物の中に象徴としての意味を見いだしつつ生きることであるとされる。しかしながら波多野の場合このことは、山川草木を神とするという、いわゆる汎神論的宗教観とは異なるものであることは言うまでもない。あらゆる象徴の中で、実在的他者性の「象徴」として立ち現れる「人格」こそが、「あらゆる実在の存在の仕方の典型」（『宗哲』一四七）なのだからである。では波多野において、象徴が指し示す究極のものとは何を意味するのであろうか。

すでに、波多野において生の各段階は、主体が「他なるもの」に対してとる態度によって定まるとされていることを見た。そして、存在の様態が「自然的生」から出発して「文化的生」へと高まるにつれて、「他なるもの」の「他者性」が次第に顕《あきら》かかつ侵され難いものとなっていくことを見た。ここで再度確認すべきことは、一切の実在するものの中で「他者性の最も徹底的最も根源なるもの」は、人格としての実在性であるとされていることである。そうであれば、すべての主体が人格として実在し関係しあう世界こそが、生の究極的地平としての「宗教的生」の段階に他ならない、ということになるであろう。そこでこそ、すべての主体は、決して他の主体に吸収され得ない、絶対的な他者性を有するものとして存在すものとなるのである。

このように、「実在性としての他者性」の本質は、いかなる仕方においても決して「自我の中に没入するを許さぬ点」にある。そして「宗教的生」の段階とは、すべての主体が不可侵の人格として存在しあう世界であるとされる。しかしながら現実には、すべての実在するものは、常に相互に呑み込み呑み込まれる危険にさらされつつ生きねばならぬであろう。そうであれば、「この意味の他者性超越性の徹底したるもの」、絶対的に他者の中に没入し得ないものがあるとすれば、それこそが実在するものの中で最も高次の実在者、実在者中の実在者として宗教体験的にのみ出会い得る存在、すなわち神に他ならない。まさしく「神は真の絶対的実在」なのである。「絶対的他者としての神こそ絶対的実在なのである。自我が自己実現の一契機として処理しえぬ点、飽くまでも他者として留まりつつその他者性を徹底的に主張し貫徹する点、こそ神の絶対的なる実在性である」（『宗哲』二二二）。

このように波多野は、神の絶対的実在性を他者性の徹底的な主張の内に見た。神はいかなる意味においても、決して主体の自己実現の手だてとされることのない存在として超越的に現前するのである。このことに関しては、「おわりに」の項で、もろもろの文化価値に対する波多野の態度に関して触れる際に再び立ち戻りたい。

「愛の共同態」

さて絶対的他者としての神と実在的な関係に入るということは、主体が真の他者性を獲得することにつながるであろう。絶対的他者としての神は、すべての主体に対し、絶対に他の主体に吸収され得ないものとして関わるからである。したがって、人は神のもとにおいてのみ、実在としての他者性を根源的に保証されるものとなる。

ここにおいて、主体は初めて自己と同じく実在性を有する他者との真の共同に入ることとなる。「主体の共同体は他者の実在性を、自我より導き出し得ぬ根源的事実として前提し、それを原理とし制約とし出発点とする行為及び生に於て初めて成立ち得るのである」（『宗哲』一八二）。そうした状況に置かれた主体には、すべての他者を、自己と同様の実在性を付与された存在として認めることが求められるであろう。それ故主体はそこにおいて、「孤立的自我の全能の夢」を「潔くかなぐり棄て、すなおに『他者』（他我）の実在性の前提に立つことを覚悟せねばならぬ」（同上）のである。そこでは、すべての主体は完全に平等な存在として神の前に立つ者となるであろう。そして、それこそが「人格」成立の究極的な根拠である「『愛』の立場」に他ならない、とされる。

主体相互のこのようなありようのもとでの人格同士の交わり、「愛の共同態」は、以下のように説き明かされる。

実在そのものが成立するためには、実在の主体性が必要であるとともに、その主体性を維持するために「共同態」が必要となる。「我と汝と、自己と他者との共同こそ人格の本質であり、又実在するものの真の姿でもある」（『宗哲』一八四）からである。ところで、他者との交わりとしての共同は、自然や文化を対象とする場合にも生じ得る。しかし、「実在する他者、主体としての他者」は、「愛に於てはじめて」見いだされるので、アガペーは人と人との間においてのみ成り立つ。そこでの他者は、「自我の、主体の、自己実現の契機であるを止め、自我に対してあらゆる侵入占拠冒瀆《ぼうとく》を拒否する所のもの、自らの中心に立ち中心より生きる所のもの、客体となり得ざる主体としての自己を堅く守る所のもの、他我として汝としての存立を飽くまでも維持するものとなる」（『宗哲』一八六）のである。

このように波多野は、「自然的生」の段階での「他者との直接的交渉」としての愛から説き起こし、「文化的生」における「イデア的観念的存在」への愛としてのエロースを経て、「第三の愛」であるアガペーへと説き及ぶ。アガペーとしての「愛の共同態」の「最も重要なる最も本質的中心的なる特徴」（『宗哲』一九〇）は、他者をあくまでも他者として認めることにあるので、それは自己が他者を規定するのではなく、逆に「他者によって自己が規定されることに於て初めて成立つ」（同上）。アガペーは、自己実現を目指す愛ではなく、何事においても常に他者を先立てる「『他者規定』『他者実現』を原理とする」愛である。そして、「人格及び人格性はこの愛に於てはじめて成立つのである」と言う（『宗哲』一九一）。

さらに波多野は、「エロースとアガペーとの混同こそ愛の本質の理解への最大障礙《しょうがい》」（『宗哲』一九四）

であるとし、アガペーは、例えば博愛や人類愛などと同一視されてはならないとしている。なぜならそれらの愛においては、たとえ注がれる対象は人であっても、その場合の人は「人格」ではなく「イデア的観念的存在」にすぎないので、そこでは他者は自己実現の一契機に堕し、その実在性が奪われるからである。

これに対して「真のアガペーは決して博《ひろ》く汎《あま》ねく人に及ぼすというが如きことを原理とするものではない。……この愛は、ひたすら唯ひとりへと注ぎ得る。……エロースが普遍性への愛であると異なって、アガペーは、むしろ本質上、主体との従って個体との共同として成立つのである」（『宗哲』一九二）。波多野は、博愛や人類愛を旗幟《きし》として掲げることに対して、それは「自我の大袈裟な『公共』的な運動、普遍性共通性への自己拡張」（『宗哲』一九三）であると嫌悪の情をあらわにし、アガペーとはあくまでも「わたくし」と「あなた」、「われ」と「汝」との間の「物静かなむしろ『私』的な交渉」として成り立つべきものである、としている。波多野において、いかなるかたちのものであれ自己実現を動機とする愛は、アガペーとしての真の愛の実現のためには、むしろ克服されねばならぬものなのであった。さらにアガペーは、他者そのものとの間に成り立つ「生の共同」であるので、他者の価値の如何は全く問われない、とされる。「それは単純に、他者によって規定せられること、他者の要求に従うことである」（『宗哲』一九四）。このアガペーの理解を通してわれわれは、一見すると単なる博愛、人類愛と見まがう、マザー・テレサによる愛の実践の真の意味を悟り得るであろう。

しかし現実には、自己実現の動機をいささかも含まぬ愛などというものが、果たして人間において可能であろうか。おそらくそのような危惧を意識してか波多野は、愛が決して主体の自己規定を離れて「中空に彷徨《ほうこう》する」ものではなく、それ故、生はさまざまの「葛藤矛盾」をはらむものであることを認めている（『宗哲』二〇〇）。そして、アガペーが「他者の要求に従う」ものであると言っても、その他者がなお人間である間は、そこでの愛は依然として自己実現の一契機であることを免れないことをも認める。かくして人は、そうした生の矛盾葛藤から脱出するためには、「高次の他者」、すなわち神の面前へと必然的に導かれねばならないことが次のように語られる。「他者そのものが、それの深き秘密の奥底より真の超越性を啓示することがなかったならば、「あなた」よりの新な言葉がわれ等に語りかけるのでなかったならば、この窮状は到底救われぬであろう。かくして吾々は高次の他者『全く他なるもの』［R・オットーの Das ganz Andere。原著者注より］絶対的他者、真に人格的なる神の面前へと導かれる」（『宗哲』二一二）。ここに、波多野にとってなぜ神が絶対的他者でなければならなかったかということが明らかになるであろう。こうして、人が絶対的他者として交わる「生の相・生の態度」は、「宗教に於てはじめて完《まった》きを得るのである」。「他者に於て、他者よりして、他者の力によって生きる――これが宗教であり、これが又生の真の相である」（『宗哲』二一六）。

おわりに

おわりに、波多野精一における他者理解の、日本キリスト教史上の意義（負の側面も含めて）について一言したい。

波多野精一と若干年代はずれるが、ほぼ同時代と言ってよいキリスト教思想家の高倉徳太郎（一八八五―一九三四）もまた、はからずも自我を救い得るものを「絶対他者」としての神に見いだした。しかしながら波多野と高倉は、同じく神を「絶対的他者」としながらも、そもそも神を求めた動機も信に至る経緯も全く異なっており、したがってその結果到達された世界も全く異なる姿をもつものであった。（もっとも一方は宗教哲学者、一方は伝道者であるので、両者の世界が質的に異なるのは当然であるが、このことは当面の課題から外れるので、今は問わないこととする。）高倉は、我執としての罪意識との葛藤をばねとして、自我否定の極みにおいて、自我を真に解放し価値づけるものを、「自我ならざる『絶対他者』[11]」としての神に見いだした。その結果そこには、明確な輪郭をもつ「福音的人格」が定立されたが、その自我と相対する「他者」の存在とその意味は、それ自体として問われることはなかった。一個の人格としての他者それ自体への関心は高倉の視野にはなく、他者は主体としての自我の確立をまって初めて存在する客体であり、その意味でせいぜい文化形成の一契機にすぎず、波多野の考え方に即して言えば、所詮は主体の内に埋没する存在にすぎなかったと言ってよいのではなかろうか。

これに対して波多野精一の営みは、終始「他者」への問いをめぐってなされ、その世界は「他者」理解を核として形成されたものであった。しばしば言及されるように、かつて伊藤整は、キリスト教文化圏の道徳は、「他者を自己と同様の要求をもつものとして愛せ」という意味の聖書の「黄金律」に由来しており、そのような愛は、絶対者としての神の命令となるときに初めて現実味を帯びてくるのである、と述べた。そして、そうした絶対者をもたぬわれわれ日本人は、「他者を自己と同一視しようというような、あり得ないことへの努力の中には虚偽を見出すのだ」と述べている。[12] 波多野が確立した他者は、まさに伊藤の言う「自己と同様の要求をもつもの」としての他者であり、そうした他者との「愛の共同」は、日本人にとっては「虚偽」でしかあり得ないと言われる様態に他ならぬものであった。そうであれば、波多野における「根源的事実としての他者」(『宗哲』一八二)の出現と、それにもとづく「愛の共同態」の提示は、日本のキリスト教思想、ひいては日本人に一般的な自他関係の中に、一つの新たな楔《くさび》を打ち込むという意義をもつものであったと言うことができよう。われわれは、愛の共同態をめぐる波多野の透徹した言説に、日本でキリスト教を選び取った者が直面せねばならぬ自他関係の構築という課題の厳しさと、それへの方向性を学び取るべきである、と考える。

加えて、〃神〃を自己の中に吸収しようとする生き方が蔓延《まんえん》し、逆に「神」ならぬものに自己が呑み込まれる生き方もはびこる現実において、文化そのものが崩壊を免れるためには、「主体の処理に委ねられぬ、『他者』が厳存せねばならぬ」(『宗哲』二一五)とした波多野の言葉に、われわれは今こそ耳を傾けるべきであると考える。

さて「絶対的他者」としての神は、一方において文化を自滅から守るとともに、他方では、すべての文化価値を相対化するものでもあったはずである。それ故、「絶対的他者」の命令としての道徳は、もしも正しく機能するなら、それは国家や共同体が置かれたさまざまな危機的状況下で、批判原理としての力を発揮し得たであろう。

　ところで村松晋の論文「波多野精一と敗戦」および「波多野精一の時代認識」は、従来あまり取り上げられなかった波多野の時代認識を、書簡等を材料に洗い出し、「波多野はキリスト者として、現実を超越した地点に立脚する者でありながら、現にある通俗的な見解を、まさに自己の立脚する超越的・普遍的な立場から、批判・相対化する姿勢において、弱かったのではないか[13]」とし、この点で波多野は当代の思慮ある教養人、いわゆるオールド・リベラリストにとどまった、と批判を込めて結論づけている。この指摘に教えられつつ、彼がそうした時代認識をもつに至ったゆえんを、本論の内容との関連で探り、稿を閉じることとしたい。

　いま、波多野の時代認識に見られる、村松の指摘するような〝脆弱《ぜいじゃく》さ〟の由来を本論との関連で探るなら、一つにはそれは、波多野における「実在」あるいは「実在性」の多義性、曖昧さに求めることができるように思われる。前述したように湯浅泰雄は、波多野に見られる「実在」という概念の不明確さを指摘しているが、このことは、単に概念規定の曖昧さにとどまるものではなく、「実在」の理解そのものの曖昧さでもあったのではなかろうか。例えば湯浅は、「『人』と『物』との『実在』性の不明確さが、自然的生と文化的生の区別に影響してくる[14]」と述べているが、同様のことは、「宗教的生」とその他の生との関係に関しても言い得るであろう。例えば、「イデアリスムの哲学」が実践的理念を抱くとき、そこには「天上かなたの光」が反映され、「文化主義と人間主義」は「それの宗教」を見いだすであろう、と言われる。そして、続けて次のように言われる。「そこよりして実践的イデアリスム又従ってイデアリスムの宗教は発生する。主義や思想や理想や当為や乃至《ないし》は観念的形象としての国家や社会や又自然や理性や法則などに対して感激帰依献身等の態度が取られるところには、少くも潜在的にイデアリスムの宗教がすでに成立つと言うべきであろう」（以上、『宗哲』八八）。確かにそこで体験される実在は「観念的実在」であるにとどまり、いまだに「独立なる高次の実在」として体験されるには至っていないであろう（『宗哲』八九）。しかし、現にある「実在」に、今まさに全人格をあげて献身している当の主体にとっては、果たしてその〝実在性〟の〝真偽〟を正しく冷静に判定する力があるであろうか。

ここにおいてわれわれは次のような疑問に逢着《ほうちゃく》する。それは、そもそも波多野において、神以外の者の「他者性」、「実在性」と、神自身のそれらとは本質的に異なるのであろうか、という問いである。その答えは「否」であるように思われる。言うまでもなく、客体が主体の内に吸収されることがないのは、絶対的他者としての神においてのみである、ということは繰り返し言明されている。だが、「自我が、主体が、それを自己として処理し乃至自己のうちに取入れることを許さぬ、という」「実在性」「他者性」の「特徴」（『宗哲』二二三）は、同時にあらゆる主体の特徴でもあるのである。「一般の実在的体験においても、「実在の本質的性格」は、「すでにおぼろげながら看取される」（『宗哲』一四六―一四七）。同様に、自然科学の対象である「もの」さえも、主体との交渉においては「実在性を獲得」するのである

（『宗哲』二二五）。あらゆる理念的なものに献身し、一事に真実に身を捧げる生き方は、それ自体、絶対的他者としての実在、すなわち神との関わりを、「おぼろげ」に垣間見させるものでもあったのである。

実在性のこのような理解は、さまざまな価値の実現や学問的真理の発掘に一身を捧げる生き方を尊重する態度を生むので、そこからして己と立場を異にする多様な価値観への寛容の姿勢にもつながる可能性をもつであろう。しかしそれは同時に、神ならぬものを絶対視することにもつながるので、村松の指摘するような、宗教者としての不徹底さを生む可能性を内包していたと言えるのではなかろうか。ここには、ひたすら論理的透徹を目指した波多野宗教哲学の、一つの弛《ゆる》みが見られるのではないかと考える。

注

波多野精一の著作からの引用箇所は、文中の（　）に記した。
『波多野精一全集』は、一九四九年発行の岩波書店版（全五巻）用いた。
『時と永遠』は、改版第一刷、岩波書店、一九七二年を用いた。

（1）　湯浅泰雄『近代日本の哲学と実存思想』創文社、一九七〇年、八六頁。本書は『湯浅泰雄全集　第十一巻』（白亜書房、二〇〇五年）に収録されている。

（2）土肥昭夫『日本プロテスタント・キリスト教史』（新教出版社）は、第八章3「波多野精一の宗教哲学」において、波多野の宗教哲学の内容をコンパクトに紹介している。大内三郎『日本キリスト教史』（海老沢有道と共著、日本基督教団出版局、一九七〇年）は、波多野の『基督教の起源』を取り上げているが、『宗教哲学』には触れていない。

（3）石原謙他『宗教と哲学の根本にあるもの』岩波書店、一九五四年所収の以下の論文。石原謙「序説　生涯と學業」、片山正直「體系」、村松克己「キリスト教の理解」。

宮本武之助「波多野精一の宗教哲学」『宮本武之助著作集　下巻』新教出版社、一九九二年。

村松晋「波多野精一と敗戦」、『聖学院大学論叢』一九巻一号、二〇〇六年、「波多野精一の時代認識」、同一九巻二号、二〇〇七年。

（4）湯浅前掲書、一〇五、一〇六頁。

（5）『本のひろば』二〇〇七年特別号、キリスト教文書センター、二〇〇七年、五一頁。

（6）一般に、明治二〇年代にドイツから訪れた普及福音新教伝道会が、日本に初めて聖書の歴史的批評学をもたらしたとされるが、彼らは日本の教会に、聖書に対する新しい見方を提供して衝撃を与えたものの、この現象は、日本における聖書学の学問的な形成にとって、本格的な原点とはならなかった。大内の前掲書にも同様の指摘がある。

（7）波多野は、「自我」と「自己」の二語を厳密に区別して用いてはいないようである。ただし、強いて言えば、「自我」は「他我」に対応する我一般として用いられ、「自己」のほうは、自己自身としての主体的な意味で用いられていると言えるであろう。

（8）湯浅泰雄はこのことを批判的に指摘している。湯浅前掲書、一〇五—一〇六頁。

（9）このことに関して、山谷省吾の次のような言葉はきわめて示唆的である。「ある時私は不用意に、先生の『宗教哲学』について批評を書き、如何に先生の『宗教哲学』が勝れた書物であるとしても、要するにそれは理論の世界に属するもの故、それによっては信仰を引起させることは難いと云う様なことを書きました所、先生から激しい抗議文が参り、自分の書物は冷たい理論の産物ではなく血と涙との体験によって書き上げられたものであり、君の批評は不当であると云って叱を受けました。それによって私は今云うことが出来ます。先生が神の愛を説き、神の恵を説き、恵の創造を説き、死と永生とを説かれる時、それは先生流の、波多野流の信仰の告白ではないでしょうか」（松村克己・小原國芳編『追憶の波多野精一先生』玉川大学出版部、一九七〇年、三六頁）。

(10) 湯浅前掲書、一〇三―一〇四頁。

(11) 高倉徳太郎「Ⅵ　福音的キリスト教」『高倉徳太郎著作集　第二巻』新教出版社、一九六四年、三六九頁。

(12) 伊藤整「近代日本における「愛」の虚偽」『近代日本人の発想の諸形式』岩波書店、一九八一年、一三九、一四四頁。

(13) 村松晋「波多野精一の時代認識」、前掲書、一四三頁。

(14) 湯浅前掲書、一〇三頁。

第五章

賀川豊彦の世界――「悪の」問題を中心に

はじめに

賀川豊彦の特異な信の世界のありようについては先に別の小論(1)で明らかにしたが、本論は、特に賀川の神秘家的側面、悪の問題の性格、内的世界の実践としての平和運動等を新たに視野に入れてこれを敷《ふ》衍《えん》したものである。なお立論の関係で、すでに発表した論文と記述が重なる部分もあることをご了解いただきたい。

一　原体験としての神秘的体験・神秘家的資質

序章でも触れたように、キリスト者（のみならず一般に宗教家）の生の世界は、何らかの宗教的原体験を核として形成されると考える。そこでまず、賀川固有の世界を形成する原点となった体験の考察から始めたい(2)。

賀川豊彦の生の原点には、「神」との一種の交感の体験があった。伝記上広く知られるように、賀川は一九〇七（明治四〇）年一九歳の夏、病で危篤状態にある中で、突然光明が全身を包むという感覚に襲われた(3)。当時の賀川は、肉体的には肺結核をはじめとする結核性の諸症状で死に瀕《ひん》し、加えて精神的な煩悶《はんもん》から何度か自死を企てたほどの深刻な低迷・葛藤のさなかにあったが(4)、この光明体験は、そうした賀川に文字通り肉体の死の淵《ふち》からの生還とともに、霊的次元における死からの再生をもたらし、その後の彼の生き方への決定的な転換点となった。この体験を境に、賀川の病は医師も驚くほどの回復を見せ、一九〇九年の暮れには神戸新川のスラム街に身を投じることとなる。『光明』の中を通過してから、私より死と病が逃げ去った」（『賀川豊彦全集』二一巻六頁。以下、全二一・六と略記）と賀川は述懐している。この非現実的とも言える体験は、単に一時的な精神の異常から生じた幻覚ではなく、魂の深奥に根ざす、我を超えたものとの出会いの体験であり、その意味でパウロの「ダマスコ途上の回心」にも比せられる類いのものであったと考えたい。ちなみに、この「光明体験」について述べた文章で賀川は、「実在に触れたものは一度は是非失神せねばならぬ」（全二一・六）と述べている。

この他にも賀川が神秘家的資質の持ち主であったことを窺《うかが》わせる記述は、彼の多くの作品のうちに見いだされる。例えば（これを神秘体験と呼ぶことが適当かどうかはわからないが）、賀川は度重なる瀕死の状態の中で、いわゆる臨死体験をもったことがあるのではないかと推察される。後述する散文詩「終末の菰聞《らっぱ》こゆ」には、死にゆく自らの姿を幻視するすさまじい状況が描かれているが、その中に、「よく耳をすまして聞くと、かすかに、汽車がトンネルをくぐっている様な音がして居る」という一節がある。臨死体験の症例報告[5]によれば、多くの体験者が強烈な光を見たり不快な雑音を聞いたという報告をしていることが思い合わされる。

さて、賀川をして死の淵から脱出させ、神に「引こづられて」生きる道へと再生させたもの、すなわちこの超常的体験の内実を賀川は、「生命そのものの不思議を見た」と表現している。近代日本のプロテスタントの間で「生命」ということが語られるとき、それは、組織や教義にのみ依存して形式化し形骸化した信仰との対比で語られるのが一般的である。しかし賀川における「生命」は、そのように何ほどか〝精神化〟され比喩的な意味を込められた生命ではなく、端的に、生命体として宇宙に存在するいのちそのものであった。しかもその体験は、単に知的レベルで生命というものの不可思議さを認識したということではなく、神的なものとしての「生命」との霊的次元における根源的な出会いの体験であったと考えたい。

この超常的な体験を核として、キリスト教学のみならずもろもろの哲学思想をはじめ、自然科学をも含めた当代のあらゆる学問分野の先端的知識を貪欲かつ精力的に渉猟・吸収しつつ、それらを自在に取り込んで独自の精神世界を構築し、併せてその確信を活力源として多様な社会活動を繰り広げていった——これが、自ら「生命宗教」と称した賀川の世界の基本的なありようであったと考える。(6)

二　「生命」・「宇宙」・「神」

本論に入る前にあらためて確認しておきたいことは、賀川における思想構成の方法的な特徴である。賀川の著作は、次に取り上げる『宇宙の目的』に典型的に見られるように、一見すると当時としての諸学問の先端的な成果を総動員して探究・構築された学問体系のような印象を与えるが、実は逆に、賀川の神秘家的な資質が啓示的に開示した宇宙像を、諸分野における成果を用いて学問的体裁をとった作品に仕上げたものとして読むべきであろう。このことは、賀川の作品全般について言えることである。彼の主要な著作のほとんどが一人称を主語として書かれていることからも、それらは論文としてよりも、彼自身の確信の生《なま》の表白として読むほうがふさわしいと思われる。賀川の著作がしばしば「詩的」と評されるゆえんであるが、賀川自身も、自己の世界を一大叙事詩と認識していたのではないかと考えることも、あながち的外れな想像ではないのではなかろうか。吉川俊子によれば、賀川は、自分には宗教家、社会事業家、労働運動家などさまざまな呼称があるが、自分としては、他の何よりも詩人と呼ばれたいと言っていたという(7)。

さて、一節で述べた「生命の不思議」の体験を起点として生み出されたのが、「生命」、「宇宙」そして「神」を根本契機として構成される賀川固有の信の世界である。その骨子は以下の通りである。

まず「生命」とは、自己自身の内に実感されつつも、己の意のままになる力ではなく、逆に己を支配する力として実感される。それは、自己の生命が、より大いなる「生命」の配下に置かれているという実感であった。言い換えれば、賀川が体認した「生命」とは、彼自身のものでありつつ同時に個としての生命を超えた、ある普遍的な生命でもあった。そして彼の内なる「敬虔感覚」は、この大いなるものを「生命の神」として彼に畏怖の念を起こさせ、彼をしてその前に跪《ひざまず》かせるのである。「かくして、私は『生命』を私の『神』として信じて居るのである」（全四・五一他）。これが賀川にとっての「神」の「実体」であった。

この、個的な生命を超えた大いなる生命として拝跪《はいき》される「神」はまた、「生ける大宇宙」、あるいは「大宇宙の生命」とも言い表される。賀川は「大宇宙」を一個の意志的な生命体と受け止め、そこに「宇宙を貫き給う全能者」としての神を見た。ではそこでは、神と宇宙との関係はどのように考えられていたのか。

「宇宙を貫く全能者」という表現における「全能者」は、あたかも汎神論におけるように、宇宙の万物に充満する存在であるかのような感を抱かせる。また時には、「宇宙生命、即ち神の力」とも言われるように、宇宙と神はほとんど重なり合うかのように見える。さらにまたある時は、「神」、「宇宙」、

「宇宙生命」の三語がないまぜとなり、ほとんど区別なしに用いられているのに出会う。しかし、「神がその意識を発表して宇宙ができた」という表現が示すように、なおそれは、宇宙そのものが神であるという理解とは別物であり、両者は限りなく接近しつつも、なお神は神であり、宇宙は宇宙なのである。「大宇宙の生命」としての「神」が、自己を超えつつ同時に自己の内に実感されるという世界は、「生命」を介して自己と「神」が混然一体となった世界である。宗教学者の山折哲雄が注目した、賀川の言う「神に溶ける」というありようの実体は、このようなものであったと考えたい。蛇足であるが、ここに見られる宇宙観は、神と被造物としての宇宙との間に絶対的な断絶を見る、正統プロテスタンティズムのそれとは根本的に異質のものであることは言うまでもない。

　さて賀川最晩年の著作『宇宙の目的』は、彼の宇宙論のいわば集大成ともいうべき作品である。本書は、「宇宙は大きな将棋盤である」と書き出され、宇宙の進化が将棋盤上のゲームの進行になぞらえて記述される。ゲームは、宇宙の最小の構成単位である原子を駒として、「生命の誕生」という「目的」に向かって「選択」を重ねながら進行する。

　その進行の「科学的」なプロセスを賀川は、物理・化学・生物学等、自然科学に関する該博な知見を縦横に駆使しつつ記述しようと試みる。それは、賀川の知識欲と知識量が並外れたものであったことを示しているが、一方では、賀川がこのような、純科学的見地からはほとんど無意味とも思われる作業に多大な時間と精力を費やしたことについて、当然冷ややかな見方もなされ得るであろう。しかしさしあたって必要なことは、その詳細に入り込んで論述の当否を問うことではなく、そうした「科学的論証」

を通して賀川が何を言おうとしたかを明らかにすれば足りると考える。すなわち賀川の意図は、宇宙は「盲目的」、機械的な法則に従って変転しているのではなく、先験的に「合目的性」を賦与された「選択性」にもとづいて、目的に向かって進展していることを、当時として最先端の科学的知見を総動員して「論証」することにあった。

また賀川は、実際に「化学将棋」というゲームを考案・作成し、各駒に原子の名を配して友人たちと遊んだという。「化学将棋」に興じる賀川を想像すると、全宇宙を視野に収め、その目的の達成という壮大な事業に参画する賀川の姿の戯画を見る思いがして興味深い(8)。

このようにして宇宙は選択を重ねつつ、無機物から有機物へと進化し、ついに「目的」としての「生命」の誕生に至る。そして、いわばその極めつけが生命における「心」の誕生である。「自然界にはぐくまれて生れ出た生命は、いまや生命の内部に創作意欲を持つ合目的性の『心』として誕生した。そしてこの『心』の持つ合目的性が、『宇宙目的』の方向性を指向するものであると断定できないであろうか？」。このように問いかけつつ賀川は、「私は宇宙の包蔵する機構が、……適合性の頂点である合目的性の『心』を生み出した以上、宇宙の根底に、合目的性の本質としての『心』のあることを肯定してよいと思う」（全一三・二九五）という結論を導き出すのである。個々の生命体における「心」は、宇宙の根底にある「心」によって生み出される。この「宇宙の根底」にある「合目的性の本質」としての「心」こそ、賀川にとって「大宇宙の生命」としての「神」であったと理解したい。ここに、前述の「詩人」の目をもって宇宙の本質とその進展を一望のもとに収める賀川の姿を見ることができよう。

ちなみに、賀川の著した童話『爪先の落書』（一九三四年、全二〇・三七六―四三〇）は、繁太郎という一人の少年が、夢の中で「花のお姫さま」の案内で自然界の仕組みの不思議を体験するという幻想的な物語である。本書の文庫版[9]に付された岡田健一による解説には、ここには「賀川の自然観・宇宙観がつまって」おり、「この作品は賀川のライフワークと言われる『宇宙の目的』の子供版のような気がする」とあるが、この同氏の読み方を私も首肯したい。本書の中に、主人公の少年が「天眼力」によって原子から成る宇宙の姿を透視するくだりがあるが、それはまさに、「天眼力」をもって宇宙の全貌を視野に収める、『宇宙の目的』を著した賀川の姿そのものと言ってよいであろう。『宇宙の目的』がいわゆる科学書ではなく、「詩人の目」によって著されたひとつの創作的な作品であると考えるゆえんである。

三　悪・苦・罪

宇宙を合目的的な巨大な生命体ととらえ、その浄化のために不断の「白血球運動」に従事する賀川の姿は、まさに火薬を込められた弾丸のように、いささかの迷いも逡巡《しゅんじゅん》もなく、ひたすら宇宙目的の完成のために疾走するかのように見える。そこに浮かび上がるのは、社会事業家・労働運動の指導者・平和運動の推進者としての賀川であり、そうした賀川の視野の彼方にあるものは、やがて到達されるべき完備した宇宙の姿であった。だがその途上には、賀川のもう一つの畢生《ひっせい》の課題である「宇宙悪」が立ちはだかっていた。

最晩年の著作『宇宙の目的』(全一三・二九一―四五四)の序によれば、賀川が「宇宙悪」の問題と取り組み始めたのは彼が一九歳の時であった。しかし、本書に見る限り、彼の関心は次第に「宇宙の目的」の解明に移り、「宇宙悪」の問題は「宇宙目的の角度より見直す」こと、すなわち「宇宙悪」そのものを取り上げるというよりは、宇宙論全体の中に悪の問題を位置づけるという作業に移行していった。結果として「宇宙悪」の問題は、『宇宙の目的』の中では、最終章最終節に「宇宙悪とその救済」としてわずかに(実質的にはA5判の全集でわずか二頁)触れられたのみに終わっている。しかしながら賀川の多くの著作において、彼の世界のそこかしこに、あたかも宇宙目的の影のように常に悪がつきまとっているのを読む者は感じるであろう。

悪をめぐって賀川は言う。古来、悪の起源は不明であるとされてきた。だが、「宇宙目的からみれば、悪の起源問題は明白である。それは［宇宙の進展が・鵜沼］宇宙目的に到達し得ないことから起るのである。宇宙目的は選択の組み立てによるものであるから、その選択の条件に微細な故障が起っても、悪は発生する」のである、と(全一三・四五二―四五三)。宇宙は基本的には秩序ある法則性のもとで進展するが、その変化の過程で、時として「選択のずれ」［法則から外れること、の意味か・鵜沼］が生じることがある。この「ずれ」は、それによって「新しき世界の創造」が可能となるプラスの動因であるが、同時に「宇宙悪」をもたらすマイナス要因ともなる。そしてこの、整然と進行すべき宇宙目的の進展途上に、「偶然に」生じる「ずれ」こそが「宇宙悪の起源」なのであるという。(この「選択のずれ」、あるいは「変転のずれ」は、ダーウィンの自然淘汰《とうた》の考え方の転用と言ってよいであろう。）

ここに見るように、賀川にとって悪とは、「善」なる神に対峙《たいじ》する実在ではなく、また善美なるものの意志に抗いその実現を妨げる悪魔的な力でもなく、宇宙生命がその目的に向かって進展していく途上に「偶然に」生じる、一種の負の状態と受け止められていた。彼は言う、「悪は実在では無い。……生命の内容を創造し、生命を進化せしめんとするに当って、〔それが阻害されるところに・鵜沼〕悪が感ぜられるのである」（全四・六二）と。彼は、物理化学的、社会的、生理的、道徳的の四つの悪（全二・一二二）をあげるが、具体的には、諸々の社会悪や自然災害のみか、人間の病、老衰、心身の障害、そして死までもが悪として列挙される。そして、それらが悪と見なされるのは、生命が進化すべきものであるにもかかわらず「変則なもの」が生じるからであるという。

このように、宇宙は大局的には合目的性の方向に進展しているが、時に諸々の要因によって目的に向かう道から逸脱することがあり、そこに悪が「感ぜられる」のである。このように賀川にとって悪とは、個々の信仰主体に実存的に関わる問題であるよりは、宇宙全体の合法則的な進展の中で生じる、一種の不如意な事象と受け止められていた。

確かに賀川は、「自由度」とか「自由度機構」などという言葉で、人間の自由意志を思わせる機能に言及することもある。しかしながら賀川の構想する宇宙像においては、つまるところ物理・化学のような必然の法則の配下にある「無機的世界」と、「自由度」を内包する生物界とが「同じ法則」で組み立てられており、人間的な自由の介在すべき領域の出来事もまた、基本的には無機質的な世界と同質の目的論的な法則のもとに進展すると理解されていた。

ここで、悪と苦、および罪との関わりについての賀川の考えを見ておこう。

賀川の世界においては、苦は悪の結果としてもたらされる。苦とそれが人間にとってもつ意味について書かれた『人間苦と人間建築』（全九・三一一七六）によれば、賀川において苦ないし苦痛とは、基本的には肉体的なそれを意味していた。そこでは「悲哀」のような情感もまた、「脳の進化に伴うて起った、新しい人間苦である」と、肉体的苦痛と同じ範疇《はんちゅう》のこととして処理される。そして同書では、肉体的な苦痛の生じる箇所やその種類の列挙に始まり、苦痛をめぐる歴史的文化的な思想等をも含め、さまざまな角度から苦痛の吟味がなされているのを見る。

このことと併せて留意しておきたいことは、賀川の世界においては悪がきわめて重要なテーマであるのに対し、罪はそれ自体としてはほとんど語られていない、ということである。言い換えれば、人間の心に巣食う悪が、個々人において罪として自覚されることはない、ということである。内面の悪がキリスト教的な罪として自覚されるのは、神と個人との間に信仰的実存的関係が成り立っているところにおいてであるとすれば、既述のような、「大宇宙の生命」としての「神」と、その中に包摂される生命体としての人との間には、罪の問題は生じないであろう。悪が進化の途上に生じる「選択のずれ」であるという理解のもとでは、神に対する個人の責任としての罪は存在しないのである。

このような考え方のもとでは、個別者の苦難への対し方はどうなるのであろうか。既述のように賀川の世界では、悪がもっぱら外的な負の状態と受け止められ、罪にも神との本来的な関係からの逸脱というキリスト教的な意味は込められておらず、すべての悪や苦痛は、もっぱら宇宙目的の見地から論じられる。したがって死や病苦のような、個別者にとっての重大事も単に「偶然である」として処理され、死や病から生じる個々人の悲嘆や苦痛は本質的な問題とはならない。ここでは人間もまた基本的には生物学的個体であり、諸悪や苦痛の前に苦悩する実存的な個としての人間は背後に退くのである。確かに賀川にとって、「愛は、夫から妻に、親から子に乗り移る精神」であり、「私があなたに表現する処のもの」(全七・九二)であって、血の通わぬ社会組織の変革によって具体化し得るものではなく、そこには「貰《もら》い子殺し」に涙し、身をもってこれに立ち向かう賀川の姿がある。だが少なくとも論理的に見る限り、貧者と向き合う賀川の視野にあったものは、彼自身と我・汝の関係に立つかけがえのない一者であるよりは、むしろ底知れぬ宇宙悪そのものであったのであり、眼前の貧者はいわばその「代表」であったと言えるのではなかろうか。

ついでに一言すれば、賀川の世界におけるキーワードの一つとされる「贖罪愛《しょくざい》」も、罪に対するこうした考え方を踏まえて理解されるべきであろう。周知のように賀川は、正統的プロテスタント教会の、「神の子イエス・キリストの十字架上の死による人類の罪の贖《あがな》い」という福音を、「きわめて理屈っぽい」教条主義的な信仰であるとして退ける。そして贖罪を、福音の根本内容としてではなく、人間イエスの実践的な働きの一つと受け止めた。すなわち贖罪とは、他人の罪科に対して連帯責任を負い、罪ある者を再生させることである、というのが贖罪に対する賀川の基本的な理解であった。彼は言う、「キリストが多くの罪人の身代になって死んだというのは、約束手形を裏書きしたために連帯責任を持つようなものである。之《これ》が社会的連帯責任である」（全三・一六三）。東京市には毎年、不良少年が九千人もいるが、誰がそれに対して責任をもつのか？「不良少年を造り変えようというのが贖罪の意識である。キリスト教の贖罪意識はそれをいう」（同上）。だが普通の人間は、自分に関係のない者に対しては連帯責任を負おうとはしない。そうした中でキリストは、「世界のあらゆる人の罪科に対して責任を感じられ、自ら進んで磔《はりつけ》にかかられた」（全三・三八一）。イエスの場合、その生涯そのものが贖罪愛の実践であり、イエスが十字架刑を甘んじて受けられたのは、そうした自己の生き方を死に至るまで貫徹するためであった。真に人を愛するにはこのように、生命を賭してその罪悪までをも引き受け、その人を神の高さにまで押し上げていかねばならない、というのが賀川の贖罪理解であった。

贖罪愛がこのように理解されるとすれば、贖罪愛に生きることは単にイエスのみのものではないであろう。「人の為に喜んで死ぬ」ことが「イエスの運動」（全三・七八）であり、「自分が死を捧げて人に尽す」ことが「真のキリスト・イエスの道」（全三・九七）であるならば、贖罪愛に生きることは「イエスの模倣」を目指す者にとってもまた究極の課題でなければならないからである。真のキリスト者が目指すべきことは、イエスに倣って贖罪愛に生命を捧《ささ》げることなのである。

四　「悪」の秘義性・「宇宙の虚無」・「終末」

このように見てくると、悪は賀川にとって、宇宙目的の達成途上に不可避的に現れはするものの、いずれは克服されるべき仮の状態にすぎないかのようにも見える。しかし、宇宙の全貌を透視する賀川の目は、実はこれよりもさらに深刻な悪の淵源《えんげん》を見据えていた。それは彼の言う「宇宙的秘義」としての悪である。関東大震災の直後に執筆された『苦難に対する態度』の序で賀川は、「山と盛り上げられた(被災者の)白骨の前に」呆然《ぼうぜん》と立ち尽くしつつ次のように言う。「考えてみると痛ましいことである。人間は松火のように燃え上り、火焔の旋風に巻き上げられ、火玉となって、遠くまで飛んで行った」(全二一・九七)。

賀川はこのすさまじい現実を「超越的の出来事のよう」と受け止める。すなわちこの「出来事」は彼に、「万能の意味」とは「苦難の創造に対しても制限が無」く、「生と共に死をも創り得る」ということを悟らせたのであった。「無から有を、苦難より喜悦を、死より生を創造し得るものは、有より無を、喜悦より苦難を、生より死をも創造し得るものでなければならぬ」からである。こうした出来事はまさに「創造の秘義」であり「絶対の秘義」なのである。なぜなら、苦難の原因である悪が、「宇宙生命」の進展の途上に生じる「狂い」であるなら、その生起は、個々人としては「宇宙生命」としての神の手中にある秘義と受け止める他はないからである。

悪がこのようなものであれば、その責任は一個人に負わせられる類いのものではないであろう。『苦難に対する態度』の中で賀川は言う、旧約聖書ヨブ記の主人公ヨブは、友人ゾパルの、肉体の苦痛は罪に対する神の誡《いまし》めであるとの忠告に対し、「身体に生じた腫物の責任まで、我等が負わねばならぬと云《い》う事」は受け入れがたいと抗議した、と。このように賀川は、苦痛を人間の罪への「神罰」と見るような、因果応報的な考え方を退ける。そしてさらに言う、「宇宙悪、生理悪、道徳悪、総てを少《ママ》さい人間の肩に負わせられるのは堪え難き事である」（全二・一二二）と。宇宙の根底に潜む「合目的性の『心』」としての「神」が苦難の創造にも無限の力をもつ神であるとすれば、諸悪の責任を個々の人間に帰するなどということは、かえって悪をも手中に置く神の計り知れない力を矮小《わいしょう》化することでしかなかったのである。彼はさらに言う、「ただ私は、小さい我の世界標準で価値を判断し無くて、科学が教えてくれる――そして宗教が信ずることを勧めてくれる宇宙意志の前進的飛躍の中に私の価値標準を移したいのである」（全九・三二）。ここに賀川の言う「私の価値基準」は、全能なる神の前にひとり立つ個人の良心ではなく、進化の方向を目指す大いなる宇宙生命の心である、ということは言うまでもないであろう。

以上のような考え方は、悪や罪と対峙する賀川の姿勢を理解するにあたって重要な鍵となる。このような世界に生きる人間に求められる悪の克服への姿勢は、宇宙の進化が指し示す方向に身を委ね、ひたすらその運動に加担する、ということになるであろう。したがってそれは具体的には、個々の魂への配慮によってではなく、総体としての状況の変革という方向に探られることとなる。それは、「科学が教えてくれる……宇宙意志の前進的飛躍」に身を投じ、その目的の達成に全身を捧げる、ということである。それは、賀川の心情と表現に即して言えば、自ら宇宙劇という壮大なドラマの一演者としてその舞台に立つことであった。その宇宙ドラマは、今まさにその進行の途上にある。賀川は言う。「宇宙の演出せんとする芝居は、まだ終局になっていない。ようやく、幕が開いて三段目ぐらいにきたところかもしれない」（全一三・四五二）。

そこで宇宙劇の演者には、「科学」が指示する宇宙の向かう方向を探るという課題が求められることとなる。彼が残した執拗《しつよう》なまでの宇宙探求の業績は彼にとって、基本的な意図はすべて、宇宙意志の前進に身を投じるために、「科学が教えてくれる」前進方向を探るためのものであったと考える。

『貧民心理の研究』（全八・三―二六九）も、そうした文脈で読まれるべき作品であると理解したい。だがそれにしても、本書が直接に貧民の除去・救済の方法を提示するものではないだけに、そのあまりに仮借のない筆致に読む者は（賀川の信奉者でさえも）戸惑わざるを得ないであろう。思うに、本書を執筆する賀川の目に映じていたものは、宇宙悪のデモーニッシュな顕現としての貧民の惨状そのものであったのであり、貧に苦しむ個々の人間自体は背後に退いていたのではなかったか。本書の執筆目的が宇宙悪を抉《えぐ》り出すこと以外のなにものでもなかったとしても、現実に貧民を構成している人格的主体としての個々人が視野の外に置かれていた故に、本書が厳しい批判にさらされる結果となったことは、日本のキリスト教の良き遺産を継承・発信しようとする者にとって、きわめて不幸なことと言わねばならない。

ところで賀川はさらに、個別的な「悪」をはるかに凌《しの》ぐ宇宙の暗黒面ともいうべきものをその視野に収めていた。すなわち彼の目は、「宇宙悪」のさらに彼方に、「宇宙の虚無」ともいうべきものを見据えていた。それはまさに「終末」の光景そのものであった。それを示すのが、一つには、従来あまり正面から取り上げられることのなかった賀川の一連の散文詩である。いま、賀川の目に映じた「終末」を、「終末の菰《らっぱ》聞こゆ」という作品を通して見てみよう。

同詩が収録されている詩集の題名となった詩「涙の二等分」は、スラム街で「貰い子殺し」に遭う嬰《えい》児《じ》を引き取って育てた体験にもとづく有名な詩で、この詩自体は社会派風に読める詩であるが、この「終末の菰聞こゆ」は、奇怪かつグロテスクとさえ言える、全く趣を異にする作品である。「天使菰を吹きければ、一つの大《おおい》なる星、燈《ともしび》の如く燃えて　天より隕《お》つ」という黙示録八章一〇節の引用に始まり、「私が　女を抱かんとした時、／急に　西窓に　恐ろしい光輝き、／ごくおちついた菰が　響き出した」と詠い出される（全二〇・三六）。「私」は、突然外界に生じた異象に狼狽《ろうばい》しつつ再び女を抱くが、女はすでに石のようになって死んでいる。（ここで「私」が医師のような冷徹な作業で女の死を確かめる描写には息を飲む。）エロスとタナトスが交錯し、夢とも現実ともつかぬ空間で、「私」は狂気の如く大声で、「主よ女と肉に穢《けが》れた私を救うて下さい」と祈るが、突然現前した「終末」に備える暇もなく過去のさまざまな悪が噴出し、「私」は混沌《こんとん》に弄《もてあそ》ばれつつ、ついに「奈落の底に墜落」していくのである。「奈落の底」に堕ちるのは「私」だけではない。「宇宙は、／今、／神を葬り、／人間を葬って、／無限の虚無に落ちて居る」（全二〇・四七）。宇宙そのものが、神をさえ葬りつつ「無限の虚無」に堕ちるのである。これらのすさまじい光景の描出は到底フィクションとは考えられず、まさに神秘家賀川の心眼に映じた「終末」の光景そのものであったと考えたい。

だが詩は虚無では終わらない。「私」は「無」から覚めた時、そこに何者かが動きつつあるのを見る。そして、「目をあげて見るに／私は　神を見た、／神は　私を見て、／笑っていらッしゃった」と結ばれるのである。死の苦痛と恐怖に翻弄されつつ奈落に堕ちた賀川は、宇宙の虚無の彼方に「笑っている神」を見るのである。神の目には、宇宙の滅亡さえも笑いの対象となるということは、実は神の途方もない「他者性」、いわば善悪の彼岸に立つ聖性を暗示するもののように思われる。

宇宙の目的の完成に参画する賀川の行動は、このようなすさまじいまでの宇宙像を踏まえているのであり、このことは、賀川の思想と実践が単なる誇大妄想的なオプティミズムとは異質のものであることの証左であると言えるであろう。

おわりに――「宇宙の目的」に向かって

これまでの考察から、賀川のキリスト教は、全体として首尾一貫した、きわめて壮大かつ独特な世界を形作っていることが知られるであろう。そして彼は、「宇宙の構築に神秘的発展が、まだ進行中であることを深く感じ」て、最晩年に『宇宙の目的』を世に問うた。そうであれば人間には現在もなお、「宇宙の目的」に向かって宇宙の進展に参画する責務や可能性があることとなる。そして彼の不屈の社会変革運動はすべて、宇宙目的達成の一翼を担うために彼が自らに課した活動であった。「宇宙の目的に副《そ》えよ、人間よ、と神は叫んでいる」（全一〇・三四二）のである。

それでは、賀川の言う「宇宙目的」とは具体的に何を指すのであろうか。言い換えれば、宇宙目的が達成された世界とは、どのような世界なのであろうか。

「宇宙目的」とは何か、ということについて賀川は、特に具体的に明言はしていない。ただし著書『宇宙の目的』は、「宇宙悪とその救済」という小見出しの文章で結ばれているので、逆に考えれば、宇宙悪が克服された世界こそが、宇宙目的が完成された世界である、と言うことができるのかもしれない。あるいは、社会活動にせよキリスト教伝道にせよ、すべては彼が宇宙目的に副うものと確信したが故に身を投じた課題であったと言うこともできよう。要するに、神秘家賀川の目には「完備した宇宙像」があまりにも明確に映じていたので、あらためてそれを言語化する必要がなかったのかもしれない。そのような意味で、賀川の畢生の課題であり、それ故、彼の「宇宙目的」の一つであったに違いない「世界平和」を中心に、彼の実践課題とそのキリスト教世界の内的関連について一言して、本稿の結びとしたい。

信の世界において神が「大宇宙の生命」として体認されたことと対応して、実践の世界では「宇宙の大なる衝動」は「愛」として感得される。「宇宙の本体に深い愛が潜んで」（全一・二三三）おり、「生命の神」の力は、実践的には「愛」として発動するからである。そして、己の生命の中に己を超えた大いなる生命の充満を感じ、その力に衝き動かされて生きる者は、「生命の神」の発現である愛を、己の内に生かし込む者として生きるのである。

賀川は、「生命の神」の発動としての愛が地上において余すところなく具現した姿を、人間としてのイエスに見た。賀川は言う、「ナザレの大工イエスに於て、宇宙の底にあった不思議な愛の霊力が、露わに表面に出て来て、最も貴い人間の結実を示してくれた」（全三・一九一）と。賀川にとってイエスは、人間として神との真の合一を体験し、肉身において「生命の神」を表現し尽くした「神の芸術作品」であった。彼はイエスに「生命芸術としての美」の極致を見た。賀川にとってイエスはまさに「愛の化身」であった。

そこで人に求められることは、イエスを範とし、イエスに「少しでも近づく」べく歩む、ということとなる。「『イエスの模倣』をして、イエスの聖足の跡を踏んで行くのが基督教である」（全一・二二一）。豊彦の長男の賀川純基氏によれば、「イエスならどうするか」という問いが、あらゆる実践問題に取り組む際に、賀川が自らに投げかけた問いであったという。

賀川が生涯にわたる実践課題としたのが、世界平和の実現であった。現実に国際的な平和を実現するには、政治、社会、経済などの諸側面からの取り組みがなされねばならない。しかし、これらすべての条件の基底ともいうべきものは、正しい「宇宙観の把握」である、と賀川は言う。もしも生存競争や優勝劣敗、弱肉強食が「宇宙の根本原理」となるならば、「世界平和は永遠に期待出来難い机上の空想と化するのである」（全一〇・二九三）。

そこで世界平和の実現のために人間に求められることは、いかにして、生存競争の原理を克服し、「宇宙目的」の実現に適う「選択性」を見極めて、その働きに加担するかということになるであろう。その鍵となる理念を賀川は、イエスの贖罪愛が目指す「連帯性」に見いだした。彼は言う、イエス・キリストには「科学的祖述」こそないが、「彼は『愛』を持って、真正社会の基礎と考えた。特に彼は、贖罪愛の自覚に立って、これを人生の再創造の本質と考えた」。血液が自己を殺して他を復活せしめるように、キリストおよびキリスト教会は、「この十字架的連帯意識性をその教理の本質と考え、また実践の基本とした」(以上、全一〇・三九四)。そして、その再創造によって平和社会が実現し、その「連帯意識性」から新たな文化が生まれるのである、という。

贖罪愛は、経済生活においては協同運動の形をとることによって、世界平和に資するものとなる。「平和への道は、ただイエスによる贖罪愛が協同運動に於ける同胞愛を通じて、国際経済生活の中にも透徹した時にのみ実現されるであろう」(全一〇・三七五)。

贖罪愛が内包する連帯性への期待は、さらに世界連邦国家の夢へと拡がっていく。賀川は「暴力の組織化」を目指すマルクス主義を批判しつつ、「社会学は、連帯意識に依って、社会を深化せしめる学問である」とし、「精神運動」としての「連帯意識運動」こそが、世界連邦国家の組織を可能にする、と主張する。「どうしても世界連邦を樹立せしめなければ、地上に人類平和の秋は来ない。だが、徒《いたず》らに七十足らずの国家群が絶対主権を振り廻して戦争をしている間は、世界平和は空想に等しい」(全一〇・三九九)。現代的知性からすれば、世界連邦国家の樹立のほうが「空想に等し」く映るであろう。しかし、宇宙の終末の光景を前に笑う神を「見た」賀川にとって、世界連邦国家の樹立は決して誇大妄想家の夢ではなかったと考えたい。

　賀川の信の世界のこのような再構成が可能であるとすれば、賀川を日本キリスト教史の主流の中に位置づけることは不可能であろう。しかし、賀川の中に「正統的」なプロテスタント史に収まる要素を無理に見いだそうとするなら、その試みは、かえって真実の賀川像を歪曲《わいきょく》するものとなるであろう。キリスト教二千年の歴史の中には、さまざまな形態の「キリスト教」が存在したであろう。そうであれば、近現代日本の福音的・教会形成的キリスト教を唯一の尺度として賀川を評価裁断しても、そこからは後世にとって何ら生産的なものは生まれないのではなかろうか。われわれは、賀川が特異な「生命体験」を核として信の世界を体現し、「キリスト・イエスに倣う」生の偉大な範を示したことをこそ、日本キリスト教史における一つの新しい創造として発信すべきであると考える。

注

賀川豊彦の著作の引用は、賀川豊彦全集刊行会編『賀川豊彦全集』第二版、全二四巻（キリスト新聞社、一九七二―一九七四年）により、引用箇所は文中の（　）に記した。

（1）鵜沼裕子「賀川豊彦試論――その信の世界を中心に」『近代日本キリスト者の信仰と倫理』聖学院大学出版会、二〇〇〇年。

（2）賀川の宗教思想そのものを取り上げた研究はこれまで比較的少なかったが、最近になって、彼の神秘家的資質に着目した論考が見られるようになった。例えば、第29回賀川豊彦記念講演会における、宗教学者の山折哲雄の講演「いま、賀川豊彦を考える」（『賀川豊彦学会論叢』第17号、二〇〇九年に収録）や、栗林輝夫「日本の解放神学者賀川豊彦」、野村誠「賀川豊彦とウェスレー・メソジズム運動」（いずれも賀川豊彦記念松沢資料館編『日本キリスト教史における賀川豊彦――その思想と実践』新教出版社、二〇一一年に収録）など。また少し古くは、賀川の「宇宙感覚」「キリスト感覚」を論じた、岸英司「宇宙感覚の宗教性――ピエール・テイヤール・ド・シャルダンと賀川豊彦の宗教思想についての比較研究試論1・2」（『ノートルダム清心女子大学紀要』9巻1号、一九八五年、同10巻1号、一九八六年）がある。

また、トマス・J・ヘイスティングスに賀川の総合的研究があり、賀川を「科学的神秘主義者」として注目している。

（3）横山春一『賀川豊彦伝』キリスト新聞社、一九五一年、四〇頁。

（4）米沢和一郎、布川弘編『賀川豊彦初期史料集』賀川豊彦関係史料双書5、緑蔭書房、一九九一年。

（5）例えば、レイモンド・A・ムーディー・Jr『かいまみた死後の世界』中山善之訳、評論社現代選書8、評論社、一九七七年。

（6）鈴木貞美は、この時代に「生命」が思想界を席巻した現象を「大正生命主義」と名づけ、「生命」をキーワードとして当代の思想・文化をとらえ直すことを提唱しているが、その中で賀川の名も、大正生命主義の多様な発現形態の一つとして位置づけられている。

（7）吉川俊子の講演「愛の人賀川豊彦を想起して」（於・松沢教会、二〇一六年五月二八日）より。

（8）「化学将棋」の現物は、賀川豊彦記念松沢資料館に展示されている。一九四〇年に獄中で考案されたという。遊び方は、元素名のついた駒をメンデレーエフの周期律表に従って並べ、各原子により決まった動かし方に従って駒を動かし、水素を取られたら負けとなる。水素を王将としたのは、これが宇宙の大半を占める元素であるため、という。この他に「星図カルタ」、「原子カルタ」というものもある。前者は星座名を読み札に、星図を取り札にしたもので、後者は元素記号を読み札に、原子量を取り札にしたものと思われる。遊びながら人々を宇宙に親しませるために考案されたものと考えると、こんなところに賀川の心性が垣間見られ、興味深い。

（9）「ことのは文庫」、発行者・瀬戸内寂聴、発行・徳島県文化振興財団徳島県立文学書道館、二〇一〇年。

参考文献（注にあげたものを除く）

黒田四郎『人間賀川豊彦』キリスト新聞社、一九七〇年
武藤富雄『評伝賀川豊彦』キリスト新聞社、一九八一年
黒田四郎『私の賀川豊彦研究』キリスト新聞社、一九八三年
米沢和一郎編『人物書誌大系25・賀川豊彦』日外アソシエーツ、一九九二年
隅谷三喜男『賀川豊彦』岩波書店、同時代ライブラリー版、一九九五年
雨宮栄一『青春の賀川豊彦』新教出版社、二〇〇三年
雨宮栄一『貧しい人々と賀川豊彦』新教出版社、二〇〇五年
雨宮栄一『暗い谷間の賀川豊彦』新教出版社、二〇〇六年
その他、『賀川豊彦全集』第一版、全二四巻（キリスト新聞社、一九六二―一九六四年）に収録の、武藤富男による解説。

第六章

高倉徳太郎の生と死をめぐって――一信徒としての立場から

はじめに

本論は、高倉徳太郎の自死をめぐる諸家の見解を手がかりとして、彼の自死という行為と信仰的世界との関わりについて若干の考察を試みたものである。

近代日本のいわゆる第二代目のキリスト者の多くについて言えることであるが、高倉に関する研究は、植村正久など初代のキリスト者のそれに比べるとまだきわめて少なく、ことにその自死については、没後二〇年近くを経た一九五〇年代まで公にされず、その後もそれ自体が論考の対象となることは稀《まれ》であった。本論では、その少ない言説と、高倉自身および周辺の人々が書き残した文章や関係者らの証言を手がかりに、私なりに「牧師・高倉徳太郎の生と死」に関する考察をまとめ、特に死生学を専門とされる先生方のご批評を仰ぎたいと思う。

はじめに高倉徳太郎の生涯と思想について、本論の記述に必要と思われることに限って略記しておく。(1)

一　生涯と思想

1　生涯

高倉徳太郎は、一八八五（明治一八）年、京都府何鹿《いかるが》郡綾部町字南西町一〇一番戸に、父・高倉平兵衛と母・さよの長男として生まれた。徳太郎が五歳の頃、平兵衛との意思の疎隔からさよは実家に帰り、父母は離縁した。小塩力は『高倉徳太郎伝』（以下、『伝』と略記）で、生母との離別は徳太郎に「深い寂《せき》寥《りょう》の念」と「一種精神のゆがみ」、「父への反抗」をもたらし、生涯消えない母なるものへの憧憬を残すこととなったであろうと推測している。九三年に第二の母・起美子が入家したが、この母も六年後に急逝し、その翌年には起美子の妹・千代子が第三の母として入家している。

一九〇六年、金沢の第四高等学校を卒業して東京帝国大学法科大学独法科に入学するが、間もなくキリスト教に傾斜するようになり、同年、富士見町教会で植村正久から受洗した。そして〇七年から、帝大在学のまま植村が設立した東京神学社（現・東京神学大学の前身の一つ）に学び、富士見町教会の伝道師を皮切りに伝道生活に入った。一二年、世良専子と結婚し、一男四女を得た。

一九二一（大正一〇）年から二四年までイギリスに留学し、エディンバラ、オックスフォード、ケンブリッジ大学等に学んだ。二四年に帰国した後は、東京神学社の教師として神学の研鑽《けんさん》と伝道者の育成にあたるかたわら、自宅における集会から起こした戸山教会（現・日本基督教団信濃町教会）を拠点として、自らの神学の結実である「福音的キリスト教」の宣布に尽瘁《じんすい》した。

一九三二年、明治学院神学部と東京神学社が合併してできた日本神学校の校長事務取扱に就任するが、この頃から健康の不調を訴えるようになり、三三年四月一六日の復活主日の説教を最後に長期にわたる療養生活に入った。同年一二月、心身の衰弱が深まり、東京帝国大学付属病院の島薗内科に入院、翌年三月三〇日に突如退院したが、四月三日の早暁、東京・西大久保の自宅で自死した。

2　「自我の問題」をめぐって

「自我の問題」は高倉の信仰的世界を理解する要であるが、このことについてはすでに他の論考で私見を述べたので、これも本論に必要な要点のみを記すこととする。

高倉徳太郎は、教養主義、文化主義、人格主義等と呼ばれる思潮が世を風靡《ふうび》した明治後期から大正期にかけて青年期を過ごし、「自我の問題」という内省的な課題を同時代の多感な知的青年たちと共有しつつキリスト教に接近した。彼は金沢の第四高等学校時代から「自我とは何か」という問題にとらわれるようになり、その解決をキリスト教に求めて洗礼を受けるに至り、伝道者の道に入った。

自伝的文章「祝福せらるるまで」(2)には、キリスト教に救いを見いだすまでの内面的遍歴の跡が率直にしたためられている。それによれば、高倉は自我の内部に巣食うエゴイズムを聖書の言う罪と見定め、罪と愛との葛藤の末、自己否定の極限において、自我を超絶する「絶対他者」としての神との出会いの体験をする。そして、この神によって自我が裁かれ罪から解放されるという確信を経て、「信仰のみ」、「恩寵《おんちょう》のみ」によって救われる、という信仰的地平に到達した。ここにエゴイズムに代わって神とキリストへの責任から行為する「福音的人格」が誕生する。

彼は、さらにこの恩寵を広く客観化したいという欲求から「文化の再生」という課題と取り組み、自我の所産としての文化もまた恩寵による裁きを通して根源的に造り変えられ、ここに「超自然的恩寵の団体」としての「神の国」が実現するとした。その内容は、主著『福音的基督教』に神学書の体裁をとって述べられている。(3)

二　自死に至るまで

1　うつ病の「要因」

小塩力の『伝』、娘婿・佐藤敏夫の諸論考、精神医学者赤星進の論文、『信濃町教会七十五年史』等の関連記述を総合すると、高倉のうつ病の発症と進行に深く関わったと考えられるのは、晩年の高倉が負った、以下のような三つの課題であった。

第一は、信濃町教会の誕生に関わる問題である。一九二五（大正一四）年に植村正久が急逝すると、富士見町教会は後継者をめぐる問題で会員の意見が分裂し、同教会から一挙に百名を超す会員が高倉の牧する戸山教会に転会した。転会者の中には、英文学者の斎藤勇、キリスト教史学者の石原謙など各界の有力者も含まれており、戸山教会はこの出来事によって、一朝にして質量ともに「都内有数の大教会の様相」（佐藤敏夫『高倉徳太郎とその時代』一六三頁、以下、『その時代』と略記）を呈することとなった。戸山教会は、一九三〇年に信濃町教会と改称した。当時の信濃町教会は、山本和、石島三郎、福田正俊、宮本武之助、赤岩栄、小塩力など、後世に名の残るキリスト者を数多く擁しており、この、質量ともに一気に膨らんだ信徒集団を率いるには相当の力量が求められたであろうと思われる。

第二は一九三〇（昭和五）年、明治学院神学部と東京神学社が合併して、日本神学校が日本基督教会立の神学校として開校し、高倉がその教頭に就任したことである。合併の議が生じた頃の両校は、さまざまな運営上の問題を抱えており、また新神学校として発足した後も、経営上の問題や神学理解をめぐる関係者同士の見解の相違、運営方針に関する意見の不一致、またそこから生じた人間関係の軋轢《あつれき》などが高倉を苦しめたようである。

第三に、高倉晩年の活動の中で彼の病との因果関係が最も深かったとされるのが「福音同志会」である。福音同志会は、高倉を中心に日本基督教会の改革を目指して立ち上がった青年有志によって結成された集団で、主なメンバーに今泉源吉、浅野順一、伊藤恭治らがいた。結成とほぼ同時に、同会の主張を広く世に訴えるための同人雑誌『福音と現代』の発行が決定された。

同会は、はじめ同志による神学研究を目的として発足したが、その活動は、次第に日本基督教会の機構への内部干渉ではないかと危惧されるようになり、果ては高倉とその取り巻きによる「陰謀」とまで目されるに至り、これに高倉と同志らとの間の対立も加わって、同会は次第に高倉の精神的な重圧となっていったようである。(4)

2　病の悪化から死へ

こうした状況の中で高倉は、一九三二（昭和七）年頃から不眠や腸の不調などを訴えるようになった。その後、彼の健康状態は次第に悪化し、翌三三年の夏には郷里の綾部に静養する身となった。その間に彼は神学校と『福音と現代』の責任を降り、九月には同誌はついに廃刊されるに至った。小塩はこの時の高倉の心境を推察して、「高倉はこれらのことにおいて、審判をまざまざと見、自分の過去・現在・未来から力が抜け出るように感じた」としたためている（『伝』二七七）。（ただし小塩の『伝』は全体的に文学的な潤色の強いものであるので、この記述も、著者自身の主観で書き流している部分もあるように思われる。）

それはともかく福音同志会は、「完全に急進派がイニシャティブをにぎり、独走した典型的なケース」であった。佐藤敏夫は、福音同志会の活動に一定の意義を認めつつも、高倉との関係については、「あまりに性急に事をはこぼうとし、運動を実りあらしめるための慎重な配慮を欠いたために、運動の力学に翻弄され、生産的な結果を生み出さなかったばかりでなく、一人の指導者を死に追いやることになった」（『その時代』二二六、二二七）と結論づけている。高倉を中心とする信濃町教会、日本神学校、福音同志会の三者の間の動向と、それが高倉の心身を蝕《むしば》んでいった様子、またその間の彼の心境等については、『信濃町教会七十五年史』に詳述されている。

なお、すでに広く語られていることではあるが、小塩の『伝』にも記されており一応触れておきたいことは、高倉と、信濃町教会女子青年会の有力メンバーの一人であった勝俣好子という女性との間に、恋愛感情が存在し、それが高倉の自死の引き金の一つとなったという説である。高倉はこの才気ある女性を特別に信頼して教会内の活動を委ねたが、そうこうするうちに、彼女に対する「ゼールゾルゲとおもっていた愛に、いつしかエロースがしみこんでいた」と小塩は書いている（『伝』二九二）。

実は、本論考の初出稿において筆者は、「もしもこのことをめぐる資料が『伝』にあげられているものだけであるとすれば、二人の間に生じた感情をエロスと断定することは無理であろうと思われる」としたためた。しかしその後、信濃町教会の会員で、新教出版社の社長も勤められた秋山憲兄氏の努力により、一九二四年三月以降の高倉の全日記が『高倉徳太郎日記』として二〇一四年一二月に出版された。（本書は、四六判九〇五頁に及ぶ大部の書である。）その中の、「取り乱し」、「病的」であって、石島三郎をして「読みつつ耐えられなくなった事もあった」と言わしめた（以上、池田伯の同書「あとがき」より）、勝俣好子との関わりに関するくだりには、明らかに彼女に対する高倉の恋慕の情が赤裸々に吐露されており、筆者も瞠目《どうもく》させられた。小塩は『伝』の執筆にあたって、当然こうしたに文言に触れていたはずであり、筆者は、小塩の記述を、文学的な筆致に身を委ねた結果の産物であると想像した自らの不明を恥じた。高倉が晩年の一時期、勝俣好子に対する抑えられぬ思慕の情に苦しんだことは事実であったのである。ただしこのことを、その他の諸事情と並べて彼の死因の一つとして列挙するのは、いささか分析的に過ぎて、事の真実にそわない憾《うら》みがあるように思われる。高倉は、こうした感情とキリスト教界における諸活動のもたらす重圧とに翻弄され責めさいなまれる中で、混沌のうちに死に追いやられたとでも言えようか。

さて入院加療や転地療養を繰り返すようになった高倉に対して、信濃町教会の長老会はきめ細かな対応を試みたが、三三年四月一六日の復活祭礼拝での説教が、高倉の信濃町教会での最後の説教となり、その後彼は、長期療養生活に入った。三三年一二月には東京帝国大学付属病院の島薗内科(5)に入院し、時に楽観的な情報も報じられたが、悲劇は突然起こった。その最期について、『信濃町教会七十五年史』は次のように伝えている。

周りの親しいすべての人々の慰めの中で、それに対する深い感謝をもって、静かに穏やかに入院生活を送っていた高倉牧師は、三四年三月末、突然自宅に戻った。その高倉牧師にとって、四月一日の長男徹の信仰告白は、深い喜びと希望となったことであろう。高倉家にも久しぶりに、ささやかな平和が訪れたかに見えた。

高倉牧師の死は、そこに突然起こった。

四月三日早暁、高倉牧師の変わり果てた姿を第一に発見したのは、愛嬢・光子である。（同書一〇六）

死因は縊死《いし》であったという。なお、晩年の日記の中で死をほのめかすような言葉としては、例えば次のようなものがある。

昭和八年（一九三三）　九月十一日（月）

朝、妻が礼拝の司会――キリストの来たりしは、死と悪魔と呪とをこぼたん為めなり――。秋来る、寒し。十一日――時はたつ。何もせず、ただアセル。じっとして居れぬ。後よりせき立てらる。あせることは死を、悪魔のささやきを意味する。主よ――平和を与え給え。(6)［後略］

なお日記は一九三四年三月二二日で終わっており、同日には次のようにしたためられている。

三月二十二日（木）

春らしき光――これを受けたし――主の光を受けたし――今日の一日、頭がくるうことなからんことを願うなり――切に願うなり[7]

三　高倉の病と死をめぐる諸家の見解

次に、高倉の病と死をめぐる論考の中から左記の二論文を紹介し、これを手がかりとして筆者自身の考えを述べることとする。

1　赤星進の見解

まず、「うつ病と信仰――高倉徳太郎牧師の自殺をめぐって[8]」と題する論文における、精神科医である赤星進の見解から見ていきたい。

赤星は精神医学の立場から、高倉の「家族歴および既往症」、「生活史」、「病歴」および病気の「症状」を述べたのち、高倉の疾患に「心因反応性うつ病」という診断を下している。そして、それに対して次のような「精神病理学的考察」を試みている。

赤星によれば高倉は、継母起美子の死後、「この母は自分がいじめ殺したようなものである[9]」という罪悪感にさいなまれ、すでに高校時代から抑うつ症状に悩んでいた。そして受洗、献身を経たその後の生活においても、罪悪感はずっと通底音として高倉の生の中に響き続けたのであると、精神医学的見地からの見解を述べている。そして結局高倉は、「罪の値は死なり」と見定めて自ら死を選んだのであると考えられる、と結論づけている。

さらに赤星は、高倉の贖罪《しょくざい》信仰が彼を罪悪感から救い得なかったのは、「彼が意識的には神の恵による贖罪を信じ、その点で多くの人々を鼓舞していたにも拘らず、無意識には人の情を期待しており、その方が究極的には彼の心理を支配していたためであると考えられるのである」と述べている。そして、高倉の期待に背いた「人の情」の内実を福音同志会のメンバーの離反に求めて、次のような解釈を下している。すなわち高倉は、意識的には神の恵みによる贖罪を信じ、「信仰によってのみ救われる」と語りながらも、「無意識には、神との自己愛型一体感の原型である『人間との自己愛型一体感』を求めていたのであり……究極的にはその自己愛型一体感に支えられて生きていた」。それゆえ、福音同志会との関係に亀裂が生じ、この一体感が失われたときに、高倉は発病し死に至ったのである。

2　佐藤敏夫の反論

高倉の娘婿である佐藤敏夫（四女・恵子の夫）は、こうした赤星の解釈に強く反論している。(10)佐藤の赤星論文批判の論点は、おおよそ次の通りである。

まず佐藤は、今日ではうつ病は肉体の病と同じく病気なのだ、という理解が一般的となっており、そうであれば「心の病に対しては信仰が立ち向かうということは非常に困難」であるとの認識に立ち、信仰が人間をうつ病に罹りにくくしたり癒やしやすくすることはあっても、「信仰をもてば、絶対に安全とか、必ずいやされるとは限らないはずである」と述べる。したがって赤星のように罪悪意識と自殺を直結させるのはあまりにも短絡的である、と主張する。また、赤星は高倉のうつ病発症の原因をもっぱら福音同志会との軋轢に求めているが、高倉の日記を精査しても、高倉の憂鬱や疲労が福音同志会の牧師たちとの不和によって生じたことを示す証拠は見いだされない。同志会が高倉の重荷となってくるのは一九三三年に入ってからのことであり、このことからも高倉の発病が「同志会のせいではないことは明らかである」とし、そうであれば、同志会との「自己愛型一体感」の喪失が高倉を死に追いやったという赤星の図式は成り立たなくなる、と述べている。

3　赤星・佐藤論文をめぐって

私はこの両者の見解、特に赤星の精神医学者としての論考に対しては専門的なコメントを述べる立場にはないので、その意味では素人の感想の域を出ないのであるが、以下に、私の思考の及ぶ範囲で思うところを述べてみたい。

まず赤星進の理解に従えば、高倉が神の恵みによる贖罪を信じ、「信仰のみ」によって救われる、という信を語ったのは意識のレベルのことであったのに対し、無意識のレベルにおいて彼を生かしていたのは「人間との自己愛型一体感」という、人間関係にもとづく感情であったということになる。言い換えれば高倉は、理性の支配する日常では牧師として「信仰のみ」の教義にもとづいて伝道を行っていたが、極限状態に追い詰められた時に人間高倉を突き動かしたものは、信仰ではなく内面に巣食う人間関係のしがらみであり、そこから生じる情動であった、ということになるであろう。さらに言い方を変えれば、高倉の生の原動力であるはずの「信仰」はあくまでも「理性」のレベルを支配するものだったのであり、現実に彼の生を左右したのは、信仰とは直接には関係のない人間的な感情であったということになる。あまつさえ赤星は、「人間との自己愛型一体感」のほうが「神との自己愛型一体感」の「原型」なのである、という理解に立っているのである。

ここには二つの問題がある。一つは高倉個人の世界について見た場合、果たして高倉の信仰は「神との自己愛型一体感」と呼ばれるような質のものであっただろうか、ということである。[11]かつて別の論文で再構成し、本稿の冒頭にも略記したように、高倉は自己の内部に巣食うエゴイズムとの苦闘の末、自己否定の極み、「人間性の危機」において、自我を超絶する「聖なるもの」、「自我ならざる絶対他者」として厳存する神の恩恵によって、自我が「肉（エゴイズム）の世界から霊（愛）の世界に飛躍せしめられる、という原体験をくぐることによって「福音的人格」として新生した。これが信仰者・高倉徳太郎の誕生であり、絶対他者と自己との対峙《たいじ》という構図は、一九一六（大正七）年に「恩寵のみ」の信仰が確立されて以来、時に自我を再び肯定しようとする欲求も見られるものの、死に至るまで高倉の信仰世界の基本であり核心であったと考える。

第二の問題は、果たして彼にとって信仰とは、「理性」という人間の全人的な営みの一面にすぎない能力にのみ関わるものであったのだろうか、ということである。このことは信仰主体のきわめて内面的な部分に属する事柄であるので、正しく把握することは難しいかもしれない。確かに高倉の世界は、少なくとも思索内容の論理的表現に関しては、プロテスタント的救済原理の純化徹底を目指して構築されたものであった。しかしそれは決して、生身の人間の生の営みを全否定し捨象したところに確立されたものではなく、そこに至るまでの軌跡には、救いは「超自然的恩寵が、自然と接し、そのなかに食い入り、これを取り入れつつ高めてゆくところに」こそある、という、やむにやまれぬ自我の希求をも内包するものであった。救いとは単に「自然から恩寵へ飛躍すること」ではなく、「自然と恩寵との生活は、相接し、互いに食い入り、互いに弾きまた互いに求める生活」（著1・四六。傍点原著者）でもある、という認識を包み込むものであったのであり、高倉の恩寵信仰はそうした全人的な希求を踏まえたところに確立されたものであったと考えたい。したがって彼の信仰は、単に彼の理性の領域のみに関わるものではなく、全人としての高倉を包むものであったのである。

総じて赤星の立論は、精神医学上の理論をそのまま高倉個人の症例に当てはめ、自己の説を具体的な症例によって補強しようとしたもので、説明としてはきわめて明快であるが、あまりに杓子《しゃくし》定規な解釈で、率直に言って生身の人間の心の襞《ひだ》に入り込めていないもどかしさを感じた。

しかし一方で、うつ病は心の病気であり基本的に信仰とは次元が異なるので、信仰のみにうつ病の予防や完治を求めることは当を得ていない、と言う佐藤の反論にも同調しかねるものがある。佐藤の立論を支えているのは近代の心身二元論的な人間観であろうが、心身を統一的にとらえようとする昨今の人間観からすれば、佐藤の主張にも無理が生じるであろう。現代的な人間観に立てば、信仰の場である魂の深奥と、精神医学の対象となる心の領域とは、決して別次元のものではなく、通底しあうものなのではないだろうか。近来、信仰的立場からするスピリチュアルケアによって心身の病と向き合い、「いのち」の本来性を回復しようとする試みがなされていることが示すように、[12] キリスト教が関わらねばならぬのは、心身二元論を超えた全人的な人間性なのではなかろうか。この点に関しては特に精神医学の先生方のご教示を請いたい。ちなみに私の研究上の師である大内三郎は、佐藤の主張には、論文としての当否以前に親族としての痛々しさが感じられた、と述べていたことを付記しておきたい。

なお自死ということに関してもう一つ付け加えれば、高倉自身が自死について書いた文章として、芥川龍之介の自死（一九二七年）に際して、芥川の「或《ある》旧友へ送る手記」という文章への感想として書かれた、「自殺者の人生観批判[13]」という短文がある。ただし、この文章が書かれた一九二七年は高倉自身のうつ病発症以前であり、自死がまだ自分自身の問題となっていない頃のものであるので、今回の考察にとって直接の手がかりにはならない。しかし参考までに一応簡単に触れれば、同文の趣旨は次の通りである。高倉は、芥川自身の人生観を「解剖的であり、唯物的であり、かなり皮肉な、なげやりなものである」と評し、死と戯れる人は「生とも戯れ得る人である」と批判する。そして、人生の究極の意義は神の目的を実現し、神の栄光を顕すことにあり、我らの生は「誰に対してよりも先づ、父なる創造主なる神に対して厳かなる責任がある」と結んでいる。高倉は、自分は芥川の作品をほとんど読んでいないと言っているので、これは芥川文学への理解を踏まえて自死問題と内在的に向き合ったものではなく、芥川という一人の人間の自死を、牧師としての高倉徳太郎が裁断した、という印象のものである。しかし、このように神への信仰を盾として、一文学者の自死についてある意味で突き放した、冷淡とも言える感想を述べた高倉自身が、わずか数年後に自ら命を絶つという状況に追い込まれたことは、皮肉であると同時に、そこには余人の想像を超えた厳しい内的外的現実があったことを物語っているように思われる。

四　一信徒としての立場から

1　信仰と病

以上述べたことを総合して、高倉における信仰とうつ病の関係という問題についての私見を述べたい。結論を言えば、高倉は信仰の弱さゆえに病に勝てなかったというよりは、逆に「信仰のみ」に救いを求めようとした、あまりにも一途で純粋な姿勢が彼を窮地に追い込んでしまったのではないかと考える。

精神科医平山正実は、その著『心の病と信仰』の中で、次のようなことを述べている。重度のうつ病に罹患した妻を抱えるハイデルベルグ大学神学部教授ルドルフ・ボーレンは、「自殺しようとする者に、いかにかかわるか」をテーマに講義をしたのち帰宅してみると、皮肉にも妻が縊死していた。後に同教授は、常に妻とともに「主をたたえよ」と祈っていたことが誤りであったと告白している。この事例を引きつつ平山は、キリスト者であるうつ病患者から援助を求められた時の対応として、ひたすら主をたたえよと勧告し指導することがなぜいけないのかという問いを立てつつ、次のように述べている。「うつ病者は、たとえ健康な時は立派な信仰をもっている人であっても、病んでいる時は生のエネルギーが全体的に低下してきて、主をほめたたえることができなくなる。礼拝に出ることはもちろん、祈ることさえおっくうになる。そのような時に、ひたすら『主をほめたたえよ』と勧めることは、かえって病者の罪責感を刺激し、心理的負担感を増加せしめ、彼らを窮地に陥らせることになるのである」(14)。
まさにこの指摘に符号するような言葉を、死を前にした高倉の日記から拾おうとすれば枚挙にいとまがない。以下にその一部をあげておく。

昭和八年（一九三三）　九月八日（金）

昨夜は教会の事が心にかかり殆《ほとん》ど眠れず専子を煩わす。〔中略〕何とてかく不安あるや。されどただ信ぜよ。信頼に生き、広き心にてキリストと友とに対せよ。

同年　九月二十三日（土）

〔前略〕ことに我々教職にありながら、肉に克ち得ず、主の僕たる生活なきは如何。口頭の伝道者たるは虚偽なり。良心的なる生活をなす。聖霊をとり去らるることなくあれ。聖書をもっともっと読む可《べ》きを思うなり。

同年　十月十八日（水）

朝、南西隅の室に閉じこもりて「罪人の為めに」を読み行く――我が現在を痛切に審判せらるる――〔中略〕このままでは pastor たり得ず。Life-change がなさる可きなり。我が毎朝の祈は my life の change の為めならざる可からず。

昭和九年（一九三四）　二月九日（金）

祈り、生命。祈なきは死なり。祈なき罪を畏れよ。〔不明英文・原著注〕この戦に克たしめられよ。

同年　三月十九日（月）

頭脳ばく然として過ごす。願う、正しく祈る心を与え給え、聖書を翻く心を与え給え、願うなり、祈るなり。如何なる時にも感謝あれ。何事をも考うる余地なくegoのみにて一パイとなる――困ったことかな。[15]

いずれも、自らの信仰を鼓舞して病からの立ち直りを図ろうとする悲痛な言葉である。思うに高倉は、こと精神医療に関しては高レベルの手厚いケアを受けたにせよ、牧師という立場にある者として、心の内奥をすべてさらけ出して援助を乞うような魂の看取り手は望むべくもなかったのではなかろうか。偉大な指導者として仰がれ多くの追随者を抱えていた牧会者として彼の為し得たことは、自らの描く牧師・信仰者の理想像に少しでも近づこうと自己を打ちたたくことしかなかったのであろう。そしてそれはまさに、うつ病の治癒という観点からすれば、最悪の態度であったと思われる。高倉は、福音同志会をはじめとする四囲の状況に追い詰められたばかりでなく、自分で自分を逃れようのない場所へと追い込んでしまったのではなかったか。

2　日本社会の中での「個」の孤絶

前述のように赤星進は、高倉の自死の原因を同志との「一体感の喪失」からくる孤立に求めた。私としては今、高倉の孤立を、福音同志会という特定の集団の中での孤立にとどまらず、広く日本社会一般の中での問題として考えてみたい。

高倉は、キリスト教信仰を透徹したプロテスタンティズムの原理によって受け止め、神の前に「個」として生きる生き方を引き受けた。そのことは、プロテスタンティズムの原理に立つ個が日本社会に根を下ろそうとするということはどのような事態を意味するのか、という問いにつながるであろう。実はこうした問題意識は、すでに二〇年以上前に書いた論考で提示したことであるが、その基本的な考えは今も変わっていないので、ここにそのことをあらためて述べておきたい。

東京神学大学元学長松永希久夫は、ある年の入学式の式辞で、神学校の生活とは決して愛と温かさに満ちた共同生活なのではなく「砂漠の生活なのだ」、と語っている。牧師が語る説教は、その一回一回が神の言でなければならず、「その神の言は、砂漠の中で独りで……生きた言として聴く以外には取り次ぐことができないものなのであります。誰かが代って、あるいは誰かと一緒に準備できるものではないのであります。……牧師はひとりで神の言を聴くために葛藤せざるを得ないのであります」(『東京神学大学学報』一三三号)。これは将来牧師になる人々に向かって語られた言葉ではあるが、砂漠に独りで神と対座するというありようそのものは、すべての日本人キリスト者に通じるのではなかろうか。日本人が理想とする人間関係は、「信頼と真実」によって結ばれた、和気溢《あふ》れる「間柄」社会である(和辻哲郎『倫理学』)。だが実は、日本社会でキリスト者となった者が立たされる場所は「砂漠」なのである。それは、キリスト者となることによって住み馴《な》れた「間柄」社会から背き出たすべての者が住まねばならぬ世界の光景なのではなかろうか。日本社会でキリスト者となろうとする者は、「全能の神の前に責任を負う者」（内村鑑三）として生きるためには、ひとたびは四囲とのつながりを断ち、住み心地の良い温かな社会の中で、あえて孤独になることを引き受けねばならないのである。

臨床心理学者河合隼雄は、すべてを包み込む「母性原理」が支配する日本社会の中に「切断する」ことを特質とする「父性原理」、「個の倫理」が入ろうとすれば相当のネルギーを必要とするのみか、「場の倫理」が支配する日本社会で場の外に出ることは、時に死を意味するものでさえあるのである、と述べている。(16) 筆者は初めてこの記述を読んだときには、その意味をいま一つ納得することができなかった。特に、場の外に出ることは「死を意味するものでさえある」ということの意味を解しかねたのである。しかしその後、高倉の自死についてあらためて考えていた折、反射的にこの河合の指摘が閃《ひらめ》いたのであった。

高倉は、キリスト教信仰を透徹したプロテスタンティズムの個の原理に従って受け止め、神の前に孤絶した人間として生きる道を選び取った。それは、「間柄」倫理の支配する日本社会に慣れ親しんだ者にとっては、まさに「砂漠」の中で生きることを意味した。このことに思い至ったとき、高倉の抱えた問題は、赤星の指摘するように単に福音同志会という特定の集団の中での孤立にとどまらず、広く日本社会一般の問題に広げて考えるべきではないかと思ったのである。例えば、高倉の日記の以下のような一節は、彼の孤立が、単なる同志との絆の切断から生じたものではなく、はるかに深い心の淵《ふち》に根ざすものであったことを暗示しているように思われる。

昭和八年（一九三三）三月三日（金）

朝十時、××君来訪――同志会の委員会と小生との gap につき語らる――余にとりては最深の淋しさ、苦しみなり。最後の refuge をも取り去られたることなり――而《しか》もここに主が余に対して与え給う深き試みあるを思う。〔略〕孤独――之《こ》れはただ主キリストに於てのみ満さる――主に支えられて雄々しく戦い、之れに克て――[17]

同志会の人々との間に生じた溝は高倉にとって、単なる人間関係の破綻であるにとどまらず、「主が余に対して与え給う深き試み」であり、「ただキリストに於てのみ満さる」べきものであった。彼の苦悩は単に人間関係の恢復《かいふく》によって解決する体のものではなかったのである。

常に周囲との温かな調和の中で生きることが理想とされる日本社会で孤絶した「個」としての生き方を貫くということは、時に四囲の理解を得られずに追い詰められ、社会そのものの中で孤絶する厳しさに耐えねばならぬことでもあった。高倉は、前世代の人々における「天」のような、信任し依拠するに足るあらゆる権威を失って浮遊する「個」が再び根を下ろすべき拠り所を、「絶対他者」としての神に見いだした。だが、上述のような課題を負わされた「個」が日本社会にしたたかに根を下ろすには、こうした重圧に耐える強靭《きょうじん》な「個」が確立されねばならないであろう。自死という高倉の痛ましい終焉《しゅうえん》は、こうした日本社会との厳しい葛藤の中で生じた悲劇であったと考えることが許されるなら、高倉の負っ

た課題は、日本人キリスト者のすべてに関わる問題であるのではないかと考える。(18)

注

この論考は、二〇一〇年四月一六日に聖学院大学総合研究所「臨床死生学研究会」（於・聖学院大学）で行った講演「高倉徳太郎の生と死」を基にしたものである。

（1）伝記的な事柄に関しては、主として左記の書によった。
小塩力『高倉徳太郎伝』新教出版社、一九五四年。
佐藤敏夫『高倉徳太郎とその時代』新教出版社、一九八三年。
雨宮栄一『評伝高倉徳太郎　上、下』新教出版社、二〇一〇年、二〇一一年。

（2）『高倉徳太郎著作集　第1巻』新教出版社、一九六四年、一八―二七頁。以下『著1』と略す。

（3）このあたりのことについては、拙著『近代日本のキリスト教思想家たち』（日本基督教団出版局、一九八八年）所収の「高倉徳太郎」において述べた。

（4）このあたりの事情については、小塩力『高倉徳太郎伝』、森岡巌『ただ進み進みて――キリスト服従への道』新教出版社、二〇一一年に詳しい。

（5）高倉の入院先が精神科ではなく内科であったことについては、牧師として精神科で治療を受けることがはばかられたためではないか、と推測されている。

（6）秋山憲兄編『高倉徳太郎日記』秋山眞兄（発売・新教出版社）、二〇一四年、八四九―八五〇頁。
（7）同上書、八八五頁。
（8）『臨床精神医学論集――土居健郎教授還暦記念論文集』同刊行会編、星和書店、一九八〇年、二四八―二六三頁。
（9）この言葉は小塩力の『高倉徳太郎伝』に出てくる。小塩によれば、継母・起美子が高倉家に入ったとき徳太郎は、継母は「継子いじめ」をするものとの通念に、「逆に、いじめかえしてやる」と思い定めて、手ぐすねを引いて待っていた。そして、母子間に起こった次のような出来事を紹介している。「たまたま、小学校のある祝祭日のことである。おおくの児童が紋付を着てくることを、徳太郎は承知していた。起美子は、これを知らぬので、絣の着物を出した。徳太郎はこれを着て登校した。帰宅するや否や、かれは眼をつりあげ、あらんかぎりの罵言を、母にあびせた。その土地のならわしと、少年の謀略を、予知できなかった起美子は、泣いて己が嫁入り支度の折の紋付を裁断して、この子にきせた、という」（一四頁）。同様の話はこの他にも紹介されている。
（10）佐藤敏夫「高倉の最後」、前掲『高倉徳太郎とその時代』一三章、一二九―一三七頁。
（11）赤星が高倉の信仰の特質を「神との自己愛型一体感」と解釈しているかどうかは、文脈からは微妙であるが、本論では一応そのように受け止めることとした。
（12）例えば、窪寺俊之編著「スピリチュアルケアを学ぶ」シリーズ1―7巻、聖学院大学出版会、二〇一一―二〇一六年。
（13）『高倉全集第六巻』高倉全集刊行会、一九三七年、五四二―五五四頁。
（14）平山正実『心の病と信仰』袋命書房（発売・いのちのことば社）、一九九八年、二一〇―二一一頁。
（15）『高倉徳太郎日記』、八四九、八五一、八五六、八七九、八八五頁。
（16）河合隼雄『母性社会日本の病理』中央公論社、一九七六年、他。
（17）『高倉徳太郎日記』、八一一頁。
（18）本項の趣旨は、鵜沼裕子『近代日本のキリスト教思想家たち』に述べたものである。

参考文献

『高倉徳太郎著作集』全五巻の解説、新教出版社、一九六四年
信濃町教会七五年史委員会編『信濃町教会七十五年史』日本基督教団信濃町教会、一九九九年
岡田美須子「高倉先生のこと――小塩力「高倉徳太郎伝」について」、『福音と現代』福音と現代社、一九七一年

第七章

キリスト教から見た国家と倫理

はじめに

近代日本のキリスト者は、異文化の中で形成された信仰を選び取った者として、日本の伝統文化との関わりから生じる諸問題に絶えず直面しつつ生きねばならなかったが、とりわけ国家と信仰をめぐる問題に態度決定を迫られることは、彼らにとって理論的にも実践的にも最も困難でしかも苦渋に満ちた課題であった。内村鑑三のいわゆる「不敬事件」とそれに続く彼の苦境は、神への愛と愛国という二つの「真情」を同時に貫こうとしたことから引き起こされたものであったが、ここに典型的に見るように、彼らの苦渋の理由は、国民として最もナショナルであることが求められた時代を生き、しかも自らもナショナルであることを願いながらも、自らの立場を少なくとも実践的には相対化せざるを得ないという道を選んだことにあった。彼らは、歴史的文化的共同体としての現実の「日本」と、キリスト教精神に根ざす国家観、とりわけ彼らとキリスト教との直接の媒体となったピューリタニズムの国家観とのはざまで、理想の国家像を模索して苦闘せねばならなかった。

近代日本が提起した問題の多くはキリスト者にとって、消極的には彼らの自由な信仰的自己形成を阻み、実践の路線を厳しく限定する要因であったが、しかし反面では彼らが自らの信仰内容を再吟味し、これを深化させ、新たな実践へと彼らを駆り立てる契機ともなった。ただしその際、一口にキリスト教的国家観と言っても、まだキリスト教（ここではプロテスタンティズム）の受容自体が緒についたばかりの時期であるので、そこにはユダヤ的背景をもつ聖書の国家観から近代西欧キリスト教社会の国家観に至るまで、さまざまな要素が断片的かつ未消化のまま錯雑している状態であった。原理的な反省や体系的思索よりも具体的な課題への対応が先行したという事情は、近代日本におけるキリスト教運動の諸側面について言えることであるが、とりわけ国家観の場合には、現実の課題を契機として錯雑する先行諸思想に手がかりを求めながら、事柄の本質や自らの行為についての吟味検討を重ねつつ、試行錯誤の中に形成されていったと言うことができよう。

ところでキリスト教倫理の基本は、究極的なものの光に照らして現実を顧みることにあり、キリスト者の倫理的態度とは、信仰にもとづく内的統一が具体的な行動様式として押し出されたものであると解するなら、彼らの国家観の解明は、それぞれの内的世界全体との関わりという視点からなされねばならない。近代日本におけるキリスト教の主流は、正統的なプロテスタント主義にもとづき、近代欧米の精神世界を背景に導入されたものであり、その宣教は、唯一の創造主宰神の存在、神の子イエス・キリストによる人類の罪からの救済というメッセージを基本内容とし、それへの信仰に人々をいざなうことを第一義的な目的として進められた。しかしながら個々のキリスト者においては、必ずしもそれがルターに遡る宗教改革の信仰の忠実な継承として受け止められたわけではない。日本人が日本人としての歴史的社会的存在においてキリスト教的超越との出会いを体験し、その信仰を主体化したとき、彼らの信仰理解は当然のことながら伝統的精神世界の内容を色濃く反映するものとなった。そこでは人間観も世界把握の仕方も欧米世界のそれとは別種のものであったから、キリスト教信仰を成立させる諸契機の受け止め方は、伝統世界から吸い上げられた養分によって、各思想家においてそれぞれ独自の様相を呈するものとなった。そもそも超越理念それ自体の受け止め方や、それと人間としての自己との関わりのありようも、少しく立ち入って考察するなら、それぞれに固有の内容をもつものであることが見えてくるであろう。したがって、例えば近代欧米のキリスト教社会で形成された国家に関する理念や諸原則も、日本人キリスト者によって取り上げられるとき、必ずしもそれらが形成された土壌での本来の意味に即して言及されているとは限らない。それゆえ彼らの国家観に近づくには、われわれはまず彼らの精神世界の固有のありようを吟味し理解することから始めねばならない。そしてキリスト者の場合言うまでもなく、その精神世界を成り立たせている究極の基軸は、超越者との出会いと対峙《たいじ》という宗教体験にある。彼らの宗教的倫理的発言や実践のもつ固有の意味は、そうした内的世界全体の枠組みの中に置いてみるとき、初めてその本来のコンテキストにおいて理解されるであろう。そしてそれらの意義の評価や問題点の認識も、そうした作業の上になされるべきであると考える。

なおシンポジウムで与えられた課題はきわめて大きい上に、キリスト教の受容自体がまだ手探り状態の時期であり、したがって国家についての見解もきわめて雑然としているので、本論では一応検討の中心を植村正久に置き、さらに問題の焦点を明確にする意味で、内村鑑三、海老名弾正その他の場合との比較を試みた。特に植村を中心に据えた理由は、近代日本におけるプロテスタント・キリスト教の最も正統的かつ代表的な推進者と目されている上、本論の課題である国家の問題にも常に積極的に関わり、その発言や行動が同時代人に注目され影響力をもったのみならず、後代の論者にもさまざまに論じられてきたので、主題の考察には避けて通れない対象であると考えるためである。では、ほぼ以上のことを前提として課題の検討に移りたい。

一　本論の趣旨

近代日本国家の形成期に国家社会の諸問題をめぐってなされたキリスト者の発言には、キリスト教的良心と市民的良識の立場から、よく国家の路線への「監視」の役割を果たしたものとして肯定的に論及されるものが少なくないが、「内村鑑三不敬事件」とそれに続く「教育と宗教の衝突」事件は、その代表的な例であろう(1)。

いわゆる「内村鑑三不敬事件」とは、一八九一（明治二四）年一月、第一高等中学校における教育勅語奉読式の際、同校の嘱託教員であった内村鑑三が、明治天皇の親署に対する礼を欠いたとされ、これがジャーナリズムにより「不敬事件」として報道されて、全国的な論議を巻き起こしたというものである。これに続く「教育と宗教の衝突」事件とは、「不敬事件」を引き金として、東京帝国大学教授であった哲学者井上哲次郎とキリスト教徒との間に交わされた一連の論争を言う。井上は、九二年一一月、キリスト教の倫理は教育勅語の精神と相容れないという趣旨の意見を雑誌『教育時論』に発表し、その後、その内容をさらに詳述した文章「教育と宗教との衝突」を発表した。(2)

これらの事件において、一群のキリスト者らが、唯一神信仰を盾として教育勅語にもとづく国民教化政策を批判したが、その中で植村正久は常に中心的な論客であった。井上哲次郎のキリスト教批判に応じて書かれた「今日の宗教論および徳育論」の、「キリストは神を愛するの主義を第一に置き、人をしてその制限の下に己れを愛しまた他を愛せしむるなり。……吾人の愛国もまた然り。正義なる愛をもって国家を愛せざるべからず。ゆめ愛国をもって絶対の義務なりと思惟するなかれ。吾人は上帝に悖《そむ》きて国家のために力を尽くすこと能《あた》わざるなり」（『植村正久著作集1』三〇六頁。以下、著1・三〇六と略記）という言葉に見るように、国家と信教との関わりに関する植村の主張の基本は、国家への愛は神への愛のもとに包摂され、国家的義務は宗教的真理に対して相対化されねばならぬということにあった。そして言うまでもなくそうした主張の背後には、ピューリタニズムに由来する信教の自由の理念と政教分離の原則とが控えていた。

しかし、このことは直ちに植村がこれらの理念や原則を生んだ近代欧米国家のあり方や、さらに言えば欧米のプロテスタンティズムそのものを、総体的に理解し肯定していたことを意味するものではないので、「はじめに」にも述べたように、彼の発言の内実は、必ずしもそれが本来の土壌でもった意味と正確に対応するとは限らない。あるいはまた、「不敬事件」の際に植村が押川方義、厳本善治らとの連名で世に問うた「共同声明」[3]の中で、「皇上」は神であるからこれに向かって宗教的礼拝をせよと迫るのは人の良心を束縛し、奉教の自由を奪い、帝国憲法を蹂躙《じゅうりん》するものであるので、われらは死をもってこれに抵抗せざるを得ないと述べていることなどから、植村を〝天皇制閉塞体制〟への果敢な挑戦者に祭り上げようとする、やや勇み足的な主張も行われてきた。こうした植村像は昨今では修正されはしたが、国家をめぐる諸問題に対する植村の発言の意味は、彼の信仰的世界全体との関わりから、いま少しきめ細かく吟味される必要があると考える。それによって初めて、植村の対社会的発言の固有の意義もまたその問題点も明らかになるであろうと考えるからである。そこでまず、以前に他の論文で試みたところに従って植村のキリスト教理解を略述することから始めたい[4]。

二　植村正久のキリスト教理解

私見によれば、キリスト教思想家としての植村正久の独自性は、伝統社会から受け継いだ倫理的姿勢、とりわけ「志」という武士の精神的遺産を土台として、その上にプロテスタンティズムの贖罪《しょくざい》信仰を主体化したところにある。いま、本論に必要な範囲でその要点を述べておく。

植村は、道義的な自己の確立という人間の本来的な希求に対して、キリスト教の福音、とりわけイエス・キリストの十字架による贖罪が根源的な充足をもたらすという体験的な事実のうちに、キリスト教信仰の精髄を見いだした。ここで植村の人間観について一瞥《いちべつ》すれば、植村はしばしばカントの道徳哲学を用いて「上帝」を「無上大法」（定言命法）の制定者に擬した。カントに即するなら、善悪の判断基準としての定言命法は形式的法則であり、その立法者は、人格性としての人間自身であるが、植村はこれを「正義の大法」と呼び、人として為すべき行為の規範を実質的に示すものととらえ、その由来を直接に神に帰した。彼によれば、すべての人間は「正義の法」の根源である神性の投影としての「道念」を人格の内部に賦与されており、「己の品性神の徳と一致するを以て其《そ》の天職とす」る存在であって、その生は「高尚なる品性」の確立を渇望する。しかしそうした境地は単に拱手《きょうしゅ》して超越からの働きかけを待つことによって恵与されるものではなく、人の側で自己を律する厳しさが必須の条件となる。そして人が神に向けて自らを高めようとする姿勢を植村は、武士の精神的遺産を受け継ぐ者として「志」と受け止め、人は「ただこれ有るがために」神に受け容れられるのであると、人と神との接触の可能性を「志」に求めた。

しかし現実の人間は罪によって神から隔絶されているので、「志」の貫徹は己一個の力では不可能であり、ここに超越的な力の介入が必須となる。すなわち神の子イエス・キリストの受肉降世という啓示的事実を通して超越的実在に触れ、「志」が不屈の活力を賦与されることによって罪の力は根源的に克服され、ここに人は初めて「神の子」としての本来的な生を全うし得るものとなるとされた。

ところで、日本キリスト教史上における植村正久の意義は、伝統的な精神風土に引き寄せられて内在主義的な傾向を帯びがちであった当代のキリスト教界にあって、人間の罪性への深い洞察にもとづいて神と人との隔絶を強調し、イエス・キリストの神性への告白が信仰の成立にとって不可欠の契機であることを明確にした点にあった。しかし植村における罪の意識はこのように、「志」貫徹の姿勢と表裏のものであり、罪の力は「志」貫徹の姿勢そのものまでも打ち砕くものではなかった。言うまでもなく原理的には、「志」は恩寵《おんちょう》によって喚起されるものであることが押さえられてはいた。しかし実践的には、「神の子」としての本領を我がものとすべく自己を向上させようとする何らの努力もないところに真の恩寵体験・罪の赦《ゆる》しはあり得ないというのが植村の一貫した主張であり、彼の人間観の基調はあくまでも、人を「神の子」としての徳性を全うすべき存在と見るオプティミズムにあった。

三　植村正久の国家観と政治観

個としての人間についてのこうした理解は、国家観および国家レベルの諸問題を論じる視点にもそのままパラレルに持ち込まれた。前述のような、人間性に対する肯定的な見方と対応して、世界とその歴史もまた、基本的には完備した調和的秩序を本質とするものと受け止められていた。植村にとって、「世道人事の全て」は、「神の志」が貫通し、「神の経綸《けいりん》」の行われる場であった。ではこうした見方のもとでは、国家とそれをめぐる諸問題はどのように考えられていたのか。

個が神性の投影としての「道念」を核として統合された人格であったことと対応して、国家もまた「道義の念」という精神力を内包し、これを核として構成される「生命的の政治体」と受け止められていた。そして、個がイエス・キリストという超越的実在に触れて根源的な活力を賦与され、その本来的な生を全うし得たように、国家レベルにおいても、「至高至善」の存在者への「拝事信頼」の念が「国家の元気」（国家としての生命力）を高揚させ、国家をしてその天職を全うさせる活力源となる、個としての人間が真の宗教を奉じて「真正の人」となり得たように、国家社会の諸機関もまた、真正の宗教を得て初めてその機能を全うしうるのであるとされた。

このように、植村にとって国家とは「神の経綸」の行われる場であり、「神の志」実現の方向に向かうべく定められた組織体であった。植村には、人間の本性を利己的欲望の追求に見るという理解はなく、したがって共同生活において不可避的であるはずの自他の立場の衝突は、彼においては本質的な問題とはなり得なかった。植村の本領でもある罪の問題への深い洞察は、神と個との関係にのみ関わるものであり、人倫関係における自他の背反・相剋という問題は、彼の第一義的な関心事ではなかったのである。人は他愛の情を天性とし、「互いに相愛し、相助くべきもの」であり、「余輩はこの所見を本拠として、天下を経営するものをもって、真正の政治、真正の経済なりと信ずるなり」と主張された。

植村は、教育勅語の発布に際して著した一文の中で、法的権利義務の意識がしきりに人心を支配する風潮を嘆いて言う、「今後は天真の情誼《じょうぎ》ますます法律思想のために圧倒せられ、父子、夫婦、兄弟、朋友の心胸は、状師〔訴訟の代理人や弁護士・鵜沼〕の頭脳と化し去らんとす。ああ法律の天地、権利の世界、何ぞそれ無情なるや」（著1・二八六）。彼にとって、個が互いに権利を主張してせめぎ合うのは、人間の本来的なあり方からの逸脱であった。したがって、人心を権力による法的拘束力をもって矯《た》め、それによって秩序の維持を図ろうとする政治的手法は、植村にとってネガティヴな意味しかもたなかった。国家とは、分離を本質とする個を構成単位とし、その統一原理として人為的な結合手段を必要とする組織体、すなわち競合する利害を権力や法的契約関係によって調整する組織体である、という政治的視点は、植村の国家観の基調とはなり得なかったのである。

確かに、個としての人に志の貫徹を妨げる不可抗の力として罪が働くように、現実には国家社会の次元においても、神的秩序からの逸脱形態としてさまざまの社会悪、混乱、無秩序等が存在するであろう。そして植村にも、そうした現実に秩序をもたらすために政治権力の必要性を説いているかに見える発言もある。しかしながら、そうした場合でも植村にとって、権力によって秩序の回復を図ろうとすることはあくまでもやむを得ぬ手段であって、決して望ましい方法ではなかった。植村において世界とその歴史は、自他の立場の相剋から生じる悪の諸形態や、恩寵と自然との二元的な対立を含まぬ調和的な秩序を本質とするものであったから、政治の悪、国家悪の必然性を認めた上で、いかにしてこれを克服すべきかなどという問題は、当然のことながら本質的な課題とはなり得なかったのである。ではそうした国家観にもとづいて植村は、国家的秩序の形成をどのような方向に求めたのであろうか。

個において道義的自己の確立のために宗教の力による「道念」の振起が促されたように、国家社会の次元においても植村は、諸組織の健全な運営への根本的な活力を、「道義の念」の活性化に求めた。とりわけ国家の場合、これに「独立の元気」を拡充させる活力源は、宗教に裏打ちされた義務の念に求められた。既述のように、植村にとって諸々の人間関係を律する「正義の法」、「義務の念」の根源は「上帝」を措いて他にはあり得なかった。そうであれば、義務の念を刺激して人々をその実践へと駆り立てる力たり得るものは、神への畏敬の念以外にはあり得ない。義務の根源である神を奉じる宗教は、人に「霊界の一大活力」を与え、その感化力によって、人をして「寛《ゆるや》かに道を守らしむる」ことを可能にする。そして、そうした感化力は国民全体に浸透力をもち、宗教は個人を造るように国家をも改造する力をもつものであることが強調された。そして、こうした神への畏敬から生じる義務の念こそが近代国家経営の基礎となるべき精神であり、自由、平等をはじめとする国民としての基本的権利は、すべて神に根源をもつ義務から生じるべきものであると主張された。

このように、法的拘束力によって秩序の維持を図ろうとすることは、植村にとって消極的な意味しかもたなかったから、国家の制度組織の問題は、少なくとも第一義的な関心事とはならなかった。したがって、キリスト教の立場からどのような政治体制が望ましいかということに関しては、具体的な見解は述べていない。しかし、「しかじかの事を行なわば日本をして、東洋の英国たらしむること期して待つべき」（著1・二〇七）云々《うんぬん》という言及があるところなどから推せば、理想として植村の念頭にあったのは、強いて言えばキリスト教を基盤とした立憲君主政体であったと思われる。植村における国家とは要するに、大いなる神的秩序の運行の中で「人性の完成、世界の開達を図り、人をして神聖なる地位に進ましむる」（著1・三〇九）ことを最終目的として、「神の志」の達成に参与すべく天職を負わされた生命的な共同体とも言うべきものであった。

四　「内村鑑三不敬事件」、「教育と宗教の衝突」事件と植村正久

上述のように、「国家の元気」を拡充し、その諸機関を完全な運営に導くものが宗教に裏打ちされた義務の念であるとすれば、上帝への畏敬の念を覚醒させ、それによって道念を振起することが、国家に対するキリスト教徒の急務となる。植村によれば、一国の興亡はひとえに国民の敬神の念の有無とその内容の如何にかかっていた。彼は、道義の衰退したこの時代こそ、社会にキリスト教の必要性を訴える好機であると受け止め、帝国議会の開設にあたっては、「政治の部内において、制度の弊を改め、法律の害を除くは、国会に選出せられたる代議士の職分」であるが、「形より上なる事物につきて、世人を嚮導《きょうどう》し道義廉恥の風をして上下一般に敦厚《とんこう》ならしめ、正大の気社会に流通するに至らしむべきは、キリスト教徒の責任にあらずして何ぞや」（著2・一六九）と、意気軒昂たるところを示している。

植村の関心が狭義のキリスト教伝道にとどまらず、広く社会問題一般にも向けられていたことは周知

の通りである。よく知られるように、彼は若い日に婚約者の山内季野に宛てた書簡の中で、「聖会ノ干城社会人民ノ木鐸《ぼくたく》トモ成リ得ント欲スルナリ」(『植村全集』第八巻、一二二頁、以下、全八・一二二と略記)としたためているが、彼は牧師本来の責務である福音宣教とともに広く社会一般の教導に携わることをもって自らの使命としていた。そして、具体的に社会教化の手段として植村が特に重視したのは、教会を拠点とした言論活動であった。

植村自身の教会観は、これを福音的信仰を共有する者の共同体と見るもので、その目的は、伝道とともにキリスト教精神にもとづく市民的良識をもって社会一般を教導することに置かれていた。明治二八年の末に、「キリスト教徒と社会問題」と題して「福音新報」に載せた一連の文章では、「キリスト教徒は言論の力を用い、健全なる思想を社会に注入するをもって、甚だ大いなる社会的事業なりと思惟せよ」と述べ、かつ「その思想言論をもって国家のために尽力すること」は、キリスト教徒としての「忌避すべからざるの義務」であると述べている(著1・三六八、三七〇)。そして実際に、自ら中心となって文筆事業を起こし、その義務を実践した。

植村は、狭義の宗教問題に限らず広く政治、教育、思想、文学等の領域にまで踏み込んで、さまざまの機をとらえ、時代の諸問題の論評に事寄せて自らのキリスト教的信念の鼓吹に努めた。彼が特にそうした活動に力を傾注した明治二〇年代は、「内村鑑三不敬事件」や、それに続く「教育と宗教の衝突」事件によって、多くのキリスト者が信仰と国家の問題をめぐって信仰者としての意思表示を迫られた時期であった。そうした中で植村は、内村が勅語拝礼問題によって社会に投じた波紋を、いわば横合いから躍り出て引き取り、自ら進んで矢面に立った感があった。これら一連の「事件」においてキリスト者らのとった態度は必ずしも一様ではなく、全体としては、キリスト教はどのような政体や道徳とも撞《どう》着《ちゃく》せず、あらゆる国家体制と調和していくことが可能であるとする体制順応的な論調や、御真影や賢所に対する礼拝は「宗教的の分子」を含むものではないので、それはキリスト者としての良心と何ら抵触するものではないとする妥協的な見解が主流を占めた。それだけに、先に言及した勅語拝礼問題をめぐる「共同声明」や、井上哲次郎への反論として書かれた文中の一節、「政治上の君主は良心を犯すべからず、上帝の専領せる神聖の区域に侵入すべからず。キリスト教徒は国民の一人として政府に服従するの義務あるを知ると同時に、神に対するの義務あるを確信するものなり。キリスト教徒は徒《いたずら》に個人主義に基づきて権利を主張せず。厳然たる上帝に対するの義務を重んずるに由りて、良心の自由を固執し、信教の権利を維持し、神と人との別を明らかにして、世に立たんことを期するなり」（著１・三〇八。傍点原著者）などに示された植村の見解が、正統的なプロテスタンティズムの立場から政治と宗教を峻別し、信仰と国民道徳とのあるべき関わり方を原理的に明示した発言として、ひときわ諸家の注目を集めてきたのも当然であった。

しかしながら冒頭にも述べたように、植村のこうした発言は、直ちに〝天皇制閉塞体制〟への果敢な挑戦を意味するものではなかった。そこで、こうした一連の発言の奥にある植村の真意を、いま少し掘り下げて吟味してみたい。

先の「共同声明」の一節、「皇上は神なり。之《これ》に向って宗教的礼拝を為すべしと云《い》わば是《こ》れ人の良心を束縛し、奉教の自由を奪わんとするものなり。帝国憲法を蹂躙するものなり。吾輩死を以て、之に抗せざるを得ず」という文言は、さらに次のように続く。「然れども影像を敬し宸筆《しんぴつ》に礼するは、必ずしも如上の意味合にては非《あらざ》るべし。蓋《けだ》し政治上人君に対するの礼儀として之を為すことなるべし。果して然らば、是れ宗教上の問題に非ず。教育社交政治上得失利弊の一問題なるのみ」(『内村鑑三不敬事件』一九二)。つまり植村の立場は、もしも事の本質が良心の自由の侵害にあるならば天皇の命といえども徹底的に抗せざるを得ないという点は基本的に押さえながらも、実際には事態をそのように正面切って受け止めるのではなく、むしろこれを徳育や知性の開発という観点から問題にしようとしたところにあった。例えば、教育勅語発布の直後に書かれた文章「十月三十日の勅語、倫理教育」に見られるように、実利主義や法的権利義務の意識のみが肥大し道義心が衰退していくという「痛恨にたえざる」風潮の中で、勅語の発布自体はむしろ歓迎すべきことと受け止められていた。ただし、「道徳は一篇の諭達書に拠りて振起し得べきもの」ではない以上、問題はいかにして人心に訴えてそこに盛られた諸徳を活性化するかという点にあった。すなわち、教育勅語をめぐってなされた植村の主張の第一のポイントは、「皇上」の神格化への危惧よりは、人君である天皇の権威は国民の教化には無力であり徳育の基礎とはなり得ないということにあった。植村にとって、人の道義心を振起し、人をして諸徳の実践へと駆り立てる原動力となり得るものは、道義の念の根源である神への畏敬の念以外にはあり得なかったからである。

教育勅語をめぐる植村の主張のもう一つの要点は、啓蒙的知性の観点からの主張であった。例えば「不敬罪とキリスト教」と題する一文では、「吾人は今日の小学中学等において行なわるる影像の敬礼、勅語の拝礼をもって、ほとんど児戯に類することとなりといわずんばあらず」と言い、「明治の昭代に不動明王の神符、水天宮の影像を珍重すると同一なる悪弊」を助長するものであると断じている。

このように植村には、民間信仰やそれにまつわる諸習俗は蒙昧《もうまい》の精神の産物であり、前近代的な迷妄の残滓《ざんし》にすぎないという理解があった。（こうした考え方は、「吾人は新教徒として、万王の王なるキリストの肖像にすら礼拝することを好まず」（著1・二八九―二九〇）とあるように、直接にはプロテスタンティズム、とりわけピューリタン的な偶像否定の精神に由来するであろうが、一般に近代日本の知識人に共通の〝見識〟でもあると言えよう。）したがって植村にとって、そうした「悪弊」を国家レベルの行事に持ち込むということは、国家の威信を傷つけ皇室の尊貴性を損なうものでしかあり得なかったのである。

そこで、公教育の現場や国家的諸行事からこうした宗教的要素を排除せよという植村の主張は、確かに形の上では国家と宗教との分離、信教の自由の主張に他ならなかったが、内実においてはこのように、そうした方策は知徳いずれの面からも近代社会形成の流れに掉《さお》さすものではないという考え方が、そこには主要な動機として働いていた。

ところで、植村においては「宗教」と「キリスト教」という二つの言葉がほとんど同義に用いられている。植村にとっては、宗教と言えばキリスト教を措いて他にあり得なかった。植村は、「もし人ありて我は神の存在を信ぜずと言わんか。その人真面目ならば愚者か狂痴者なり」（著1・一五〇）と極言するが、彼にとってキリスト教の神への信はあらゆる平常人が当然共有すべきものなのであった。しかも彼には、道義心の陶冶と知性の開明にまてば、すべての人は当然、真正の宗教であるキリスト教に至るはずであるという、いささかの揺るぎもない、ナイーヴと言えるほどの透徹した確信があった。それは信仰の不条理や、信とはしばしば表裏の関係にある懐疑とは無縁の透明な世界であったから、無信心をも含めた他者の信仰的立場について本気で煩わねばならぬ理由は、彼には全くなかったのであろう。そしてそうした認識は、文明進歩の方向とキリスト教の救済史的な「神の国」到来の方向とがストレートに一致するという、植村固有のオプティミスティックな世界観につながっていく。そこで、次に、「超越」としての「神の国」が植村においてもつ固有の意味と、「神の国」と現世との緊張関係のありようについて一言触れておきたい。

植村においては、知性の開明と徳義の伸長とは、そのまま人類社会に進歩をもたらすものと受け止められており、その限り彼の「進歩」への信頼は、福沢諭吉に見るような啓蒙的文明史観とも軌を一にするものであったと言えよう。だがさらに植村にとっては、進歩は神意によって支えられ保証されたものでもあった。否むしろ、「進歩」は神性の顕現そのものであるとも明言されており、その意味で、それはまさに神の本性でもあった。彼は、当時としてのあらゆる社会進歩の指標をキリスト教精神の産物と見て、さらに文明の進歩の極致に神的理想の完全な顕現としての「神の国」を想定した。

植村にとって「イエスの建てられた神の国」とは神の愛の戒《いましめ》が行われるところ、神と人との最も親密な関係が現成している場であり、そこに参入することによって人類の理想が実現される「国」であった。その意味で「神の国」はあくまでもこの地上に実現されるべきものであって、「基督の成せしことの目的は此《こ》の世に神の国を建設せんと欲するに在り。而《しこう》して神の国は一個人を救うのみならず、基督に依りて発揮せられたる霊性上の力の結果として、新たなる社会を造り設くるの主意なり」（全四・二四五）という方向で受け止められていた。植村は、一種の世界国家のごときものを念頭に置き、その範型を「キリストの教うる神の国」に求めていたかに見えるふしもある。そして、世界がそうした終極目的に向けての進歩の途上にある以上、「神の国は必ず実現するのである」とした。そこで最後に、こうした「神の国」観のもつ意義と、そこにはらまれる問題点について一言しておきたい。

神の国が文明進歩の極致に実現するものであれば、人は拱手してその他界的な到来を待つのではなく、その実現に積極的に参与せねばならない。「世界の歴史が神の意志の完全なる顕現に向かって十分に用意せられた時に、完全なる顕現がある」（著5・三五九）。すなわち、進歩は神意であり、それ自体はおのずから定まった方向であるが、同時に人にはそれを「用意する」という能動的な参与が求められているのである。それ故、キリスト教の神は「実にお手伝いの出来る神」であり、人をして歴史の進歩に参与せしめるのが神の経綸なのである、ということになる。キリスト教徒の社会教化活動が、信徒としての「忌避すべからざる義務」であるとされたのは、単にそれが世直し的警世的な意味をもつのみでなく、「神の国」実現への参与をも意味したからであった。そしてその行為自体もまた神の経綸の内にあるという理解が、その活動に不動の確信と不屈の活力を与えたと見ることができよう。こうして、個が神意の完全な体現者であるイエスに根源的な活力を賦与されて道義的自己完成への営みを遂行し得たように、国家もまた終極的な「神の国」実現の確信に支えられて神の経綸に参与し得るものとなるのである、とされた。

植村における「神の国」は、このように現世の延長線上に想定されたものであったから、俗世と二元的に対立し、これと原理的に隔絶した終末的な超越界とは異なるものであった。しかしなお実践的には、そうした「国」の実現は無限の彼方にのみ期待されるものであろうから、その意味では「神の国」は永久に究極性を保持し続けるであろう。国家をめぐる植村の諸発言のもつ強靭《きょうじん》さは、そうした意味における究極性に確信の根拠を置くことによる故であったと言えよう。また文明の進歩に対する明るい見通し、楽観的とも言える信頼にもかかわらず、例えば後述する海老名弾正の場合のような安易な現実肯定に陥らなかったのは、常に究極的なものと対峙する自己抑制、自己反省を基本姿勢とし、「神の国」の理想と現実との絶えざる厳しい緊張関係を堅持し得た故であったと言うことができよう。

ところで、キリスト者の社会的影響力について植村は次のように言う、「この少数なる信徒のうちに上文のごとき精神［基督を愛し人を愛するの念・鶫沼］を発揮するときはその道徳上の勢力洪大にして敢えて当たるべきものあらざるなり」（著6・三七二）。つまり植村は、少数のキリスト者の世に対する感化力に期待し、彼らによる国家全体の教導を意図したが、それは必ずしも直ちに日本全体のキリスト教化を目指すものではなかったように思われる。それはあたかも幕末における「天地正大の気」が社会改革の起動力として作用したのにも似て、キリスト教精神の汪溢《おういつ》が文明社会形成の活力となることを期したものであったと言えよう。

植村の意図をこのようにとらえることができるとすれば、キリスト教精神に期待されるそうした側面と、福音宣教による個々の魂の救済という、キリスト教本来の使命とのつながりはどのようになるのであろうか。「聖会の干城」と「社会の木鐸」という、植村における二つの自己規定の関わり方を、われわれはどのように考えればよいのであろうか。この点について植村からは、聖と俗との領域を分かつ今日的な通念からの問いには十分に納得のいく答えは得られないのだが、これまでに見てきた植村の世界それ自体に即して推測するなら、国にキリスト教的精神が汪溢することは当然、生命的な全体としての国家が神聖な終極目標に近づく一階梯《かいてい》となり得ることになるのであろう。

五　内村鑑三の国家観

ここで問題の所在を明確にするために、同様の問題をめぐる内村鑑三の考えとの比較を行ってみたい。植村の考え方を内村鑑三のそれと比べるとき、そこにはやはり植村固有のオプティミズムに由来すると思われる一種の〝甘さ〟が見えてくることは否定できない。時代は少し下るが、内村は一九一三（大正二）年に東北地方を襲った凶作の際、次のように書いている。「東北を救うとは、東北人を救うことである。東北人一人一人を救うことである。そうして人を救うとは、彼を神に導くことである。人を、その造り主にして父なる神に結び附けて、その人は完全に救わるるのである。その時、彼は独立の人となるのである。……東北救済？しかり、いたって容易である。聖書一冊あれば足る。これを手にして、その任に当たる者は誰なるか。名士と政治家と新聞記者とにたよるをやめて、直ちに万物の造り主なる神にたより、東北を完全に救わんと欲する者はなきか」（『内村鑑三信仰著作全集　第24』二九七頁。以下、信24・二九七と略記）。

国家レベルでも同様に、内村にとってその救済の道は、国民の一人一人をキリストに連れてくるという、単純で迂遠《うえん》な方法以外にはあり得なかった。そしてそのように言い切る明快さ、福音本来の使命である魂の救済を、「俗」の領域の事柄から截然《せつぜん》と区別した預言者的な厳しさは、植村には見られぬものであった。さらに言えば植村の世界は、啓蒙的文明史観の消長によって足もとをすくわれかねない脆《もろ》さをはらんでいたことも認めねばならないであろう。おそらくは植村の場合、個のレベルでは武士的な厳格主義という主体的な姿勢を介して罪の問題が厳しく自覚にのぼったが、国家社会のレベルでは、オプティミズムに根ざす人倫関係のとらえ方からして、社会悪の問題への意識が希薄にならざるを得なかったのであろうと思われる。そこで次に、国家の問題に対する内村の姿勢についての検討に移りたい。

「不敬事件」の際の内村の対応は、他のキリスト者のそれとやや異なっている。それは、単に彼が事件の当事者、渦中の人であったためばかりではなく、彼の内的世界のありようそのものに由来するものでもあった。「事件」について内村自身が直接に語った文章としては、一八九一（明治二四）年三月六日付で米国の友人D・C・ベルに宛てた書簡が、多少まとまった文章としてはほとんど唯一のものである。また、『基督信徒の慰《なぐさめ》』(5)の第二章「国人に捨てられし時」は「事件」を背景に書かれたものとされているが、いずれも事の経緯や前後の心境を語ったもので、自らの行為の理由を説明したものではない。

このことは、「私が書こうとしているのは、私がいかにしてキリスト者となったかということである。なぜなったかではない」という、『余はいかにしてキリスト信徒となりしか』の執筆姿勢を想起させるであろう。すなわち、植村正久をはじめとする他のキリスト者らの多くが、曲がりなりにも事の本質、問題の所在を何ほどか「原理的に」認識しようとし、それにもとづいて自らの意思表示を試みたこととは対照的であり、それはそのまま、内村の思考態度の特色を反映していると思われる。すなわち内村の発言は、事柄を対象化し、思弁的反省をくぐって発せられるのではなく、キリスト教は「生ける霊魂をもって実験すべきもの」であるという確信を軸として、その時々の心情の赴くままに自在に発せられるということである。したがって、概して内村の世界は、表面的な論理の整合性のみを追う仕方では把握しがたいところがある。例えば政教の関係をめぐる発言を見ても、ある時は「政教一致して健全なる国家あり。政治、宗教を離れて、国家やぶる」（信21・二〇三）と言われ、またある時は「政治は宗教の干渉を欲せず、宗教は政治の保護監督を忌む」と、一見すると正反対のようなことが主張される、という具合である。少なくとも、「信教の自由」、「政教分離」等々を近代国家の基本理念、原則として学び取り、これを社会に紹介するなどということは、内村の関与せぬところであった。

しかしそうした消息は、内村の内的世界が首尾一貫せぬ中心を欠くものであったことを意味しない。内村の場合、外観の多様さは、かえって深部において確固とした固有の統一があることを暗示するものであった。ここで、内村における罪のとらえ方を植村のそれと比較してみることを手がかりとして、内村の国家問題への関わり方を若干吟味してみたい。

植村正久と内村鑑三とは、教会観については立場を異にしつつも、信仰理解の上では、ともに宗教改革の流れをくむ正統的福音主義を継承する点で共通基盤に立つとされている。(6)その意味は、両者ともに罪の問題の深い体験的洞察に導かれて神人の断絶を強調し、神の子イエス・キリストの十字架による人類の救済が、福音の中心的メッセージであることを明示したことにあると理解されている。ここで注意すべきことは、植村が罪を「神人の隔絶」ととらえたのに対し、内村はこれを人類の神に対する「反逆」と受け止めたことである。確かに「隔絶」と言い「反逆」と言い、いずれも神と人との離反、懸隔を意味する点では同じだと言えよう。しかしながら基礎にある神人関係の理解において、両者の間には大きな違いがあった。すなわち植村にとって罪の問題の焦点は、義なる神の前に己を正そうとする者の心中におのずと生じる罪責感、罪の意識に置かれており、基本はあくまでも全能者に向かって限りなく上昇しようとする姿勢にあった。これに対し内村では、人間の神への姿勢は「反逆」の一方向のみであって、しかもそれは単なる心理的、経験的な断絶感にとどまらず、人類そのものの普遍的なありよう、神に対する人間存在の根本的なあり方と受け止められていた。したがって神と人との関係は、人間の側からのいかなる手だてをもってしても絶対的に修復不可能な断絶を意味していた。

両者のこうした姿勢の相違は国家社会の見方にも反映している。植村における国家が、神意の貫通した調和的秩序を本来性とする生命的共同体であったのに対し、内村にとっての国家は「罪人の集合体」であり「罪悪の総合」であって、政治組織としての国家は根源的に福音とは相容れぬ他者的存在であった。すなわち、植村における国家が「道義の念」の振起による自己浄化の可能性を保持していたのに対して、内村にとっての国家は罪人の所産として根源的な悪を内包している故に、「自体で自体を廓清《かくせい》することはできない」（信12・一〇五）、自浄力を全くもたぬ存在であった。したがって宗教が直接的に政治国家の問題に介入する仕方で国家機能の運営を健全化する道はあり得なかった。それ故、「宗教にしてもし直ちに国家問題に干渉せんか、これ教政を混同せしものにして、国家の災害これより大なるはなし」（信1・一八二）と、政治と宗教との直結が厳しく退けられる。ことに権性欲を嫌悪した内村にとっては、「今日わが国において、となえらるる政治なるものは、余の全然蔑視するところのもの」（信21・一八九）でさえあった。

しかしなお内村にとって、政治とは「理想を国民と国土との上にえがくこと」（信21・一九〇）でもあった。それは内村においては、国家にはもう一つの側面があった故である。すなわち彼のいわゆる「二個のJ」の一つ、「日本」としての国家である。すでに広く親しまれている一節ではあるが、ここにあらためて引用しておきたい。

私は青年時代において、常に私の友人に告げて言うた、私に愛する二個のJがある、その一はイエス（Jesus）であって、その他のものは日本（Japan）であると。イエスと日本とを比べて見て、私はいずれをより多く愛するか、私にはわからない。その内の一つを欠けば、私には生きている甲斐《かい》がなくなる。私の一生は、二者に仕えんとの熱心に励まされて今日に至ったものである。私は何ゆえにしかるかを知らない。……やむにやまれぬ愛とはこの愛であろう。（信24・二四七）

こうした「やむにやまれぬ愛」の対象としてのイエスと日本との関係は、それぞれと自己自身とのパトスに満ち一体感を介して以下のようにさえ表白される。

イエスは私どもの未来の生命の在る所でありまして、日本国は私どもの現在の生命の在る所であります。そうして神を信ずる者にとりては、未来も現在も同一でありまするゆえに、私どもにとりては、イエスと日本国とは同一のものであります。すなわち私どもの信仰は国のためでありまして、私どもの愛国心はキリストのためであります。私どもはキリストを離れて、真心をもって国を愛することができないように、また国を離れて、熱心にキリストを愛することはできません。（信24・三二）

そうであれば、国家と自己はいわば一蓮托生《いちれんたくしょう》であり、自己の救いは次のように国家の問題と連動する。

私どもは、私どもの国を離れて、ひとり自ら救われんとて、キリスト教を信じません。……私どもは日本国と共に私どもの霊魂を救われんために、キリストに行いたのであります。ひとり救われんとて彼を求めたのではありません。（信24・三二―三三）

そして、こうしたイエスと日本と自己との緊密な一体感から溢《あふ》れる信仰的心情が政治レベルのことに向けられるとき、「宗教家は最も大なる政治家なり」とか、「政教一致して健全なる国家あり。政治、宗教を離れて国家やぶる。ゆえに、国家を改造せんと欲せば、まずその宗教より改造せざるべからず」（信21・二〇二、二〇三）というような精神主義的発言が出てくることになるのである。

このように、一方で根源的な悪を内包する獣的存在としての政治国家を見据え、そうした政治との関わりを半ば生理的に嫌悪し拒否しつつ、しかも一方では「やむにやまれぬ愛」の対象としての「日本」の政治に介入せざるを得なかったというのが、信仰者としての内村の置かれた精神的状況であった。そしてここに、国家に対する内村独特の預言者的発言が生まれる基盤があった。

国家の救済に関して内村の言うべきことは端的に、「国を救うの道は民を救うに存す。しかして民を救うの道はその一人ずつを救うにあり」（信7・二〇六）という言葉に尽き、したがって「日本国が改築せらるる時」は「日本人の多数がキリスト教を信ずる時」であった。なぜなら、罪が神への「反逆」で、義が神への「帰順」であれば、義の実現は単に現実の不正不義を矯めることによってではなく、根元である罪を処理する他はないからである。なぜなら、「社会の不公平はみな人が神を捨て去りしより起こりしものでありまして、社会組織の不完全より来たものではありませんから、これを癒やすの方法は、人をその父なる神に連れ帰るにあって、これに社会的新組織を供する」（信21・三二六）ことにはないからである。これは社会主義を批評した言葉ではあるが、内村にとって「罪人の集合体」である国家はいかなる組織をもってしても自身で自身を浄化することは不可能であり、それは「キリストを迎えただけ、それだけ実質的に廓清」（信12・一〇五）される他はないのである。

だが現実には、国民のすべてがキリストを信じ、その罪をキリストによって贖《あがな》われるのを待つことは、百年河清《かせい》をまつに等しい行為であろうし、かつそのことによって、国家が内側から浄化されるのを期待することは、人間としては悲願でしかあり得ない。そうであれば、一方で政治国家を拒否しつつ、しかも一方では「日本」としての国家と関わらざるを得ないという、相容れぬ希求を共に満たし得る仕方で国家と関わることは、いかにして可能であろうか。

北森嘉蔵は「福音と政治」の関わり方について、権力意志と必然的に結びつく政治は福音にとって根源的に「敵」である故に教会は決して政治と直結し得ないが、しかし教会の内なる個々の信仰者としては、政治のはらむ問題性を放置するのは責任の放棄に他ならないとし、政治を超越しつつしかも政治に関わるというあり方に最も深く相応するのは旧約の預言者ではないかとして次のように言う。

預言者は第一にはあくまで政治から超越して神の代言者として立ちつつ、しかも第二にはこの他者たる政治と連帯的となり、絶えず王や政治家と接渉《ママ》する。しかも決して手放しに政治に内在化することなく、第三には絶えず政治の逸脱と頽落《たいらく》とを批判糾弾してその問題性を除去しようとしたのである。(7)

内村の国家への関わり方には、まさにこうした預言者の姿勢と重なり合うものを見ることができよう。すなわちそれは、一方では政治国家との直結を拒否して政治から一線を画し、しかも他方では一個の信仰者として政治のはらむ諸問題と不可避的に関わりつつ、神の義からの逸脱と考えられる事どもを一つ一つ批判していく、というものであった。日露戦争、第一次世界大戦において主張された非戦論や、足尾銅山鉱毒事件への関わりは、そうした姿勢の典型的な表れであったと言えよう。内村の発言や行動が、しばしば旧約の預言者になぞらえられるゆえんであろう。

さて「義」は内村において「反逆」としての罪の対極であるから、そもそも人間にとって到達不可能な超越性を帯びたものであったが、その他界性をいっそう徹底せしめたのが終末の信仰であり、これは彼が後年に到達した再臨信仰へと昇華された。

周知のように内村の再臨信仰は、彼が後年に、「第三の回心」と呼ばれる信仰上の転機を経て到達した境地である。内村は第一次世界大戦を、人類に対する神の厳罰と受け止め、平和と進歩への確信を打ち砕かれて、天地万物の完成の希望をキリストの再臨という究極の時に託した。

> 戦争は神の大能の実現によって、やむのである。戦争廃止は、神がご自身の御手に保留したもう事業である。これは、神の定めたまいし、世の審判者《さばきびと》なるキリストの再臨をもって実現さるべき事である。（信21・一一五）

聖書に約束されたキリスト再臨の時、「正義は実《まこと》に勝ち、平和は実に臨み、愛は実に人類の法則となるのである」（信13・三五）。さて内村の場合、再臨の待望は決して現世における倫理的努力の意味を無化するものではなく、かえってこれに不屈のエネルギーを与える。なぜなら義の終極的な支配が他界的超越的に到来するという確信は、人をして怠ることなくその日のために備える者とならしめるからである。戦争廃止は人間の非戦の唱道によってではなく、超越の介入によって実現されるべきことである。にもかかわらず人がなお非戦を唱え続けるのは、「バプテスマのヨハネのごとくに、主のために道を備うるのである。……現世における正義唱道の必要はここにあるのである。来世におけるキリストの審判を賛《たす》けまつらんがためである」（信21・一一八）。非戦のごとき、到底実現不可能な理想を唱え続けることができるのは、その実現が超越的に保証されているという信仰による。国家をめぐる内村の倫理的発言の意義は、そうした終末的視座にもとづく究極性に支えられ、そこから不屈の活力を得たところにあると言うことができよう。

六　海老名弾正と小崎弘道

最後に、問題の所在をさらに明確にするために、植村を挟んで内村とは対極に位置づけられると思われる、海老名弾正と小崎弘道に簡単に触れておきたい(8)。

海老名弾正のキリスト教理解は、若い日の特異な宗教的原体験にもとづいて形成された。自伝的文章「わが信教の由来と経過」（一九二三年(9)）によれば、彼の神への姿勢には二度の転機があった。第一回は、

「神は君で、私は臣である」という、神と自己との「君臣の道徳関係」の発見であった。自己の良心がキリスト教的唯一神と結ばれることによって失われた権威を取り戻したという体験は、維新前後に入信した、士族出身の青年信徒の多くが共有した体験であった。

入信後もさまざまの欲望を断ち切ることのできぬ自己を、神に対する不忠と受け止めて苦しんだ海老名は、ある日の祈りの中で、「神の赤子が我が衷心に誕生し居る」という自覚を霊感のごとく与えられた。これが彼の第二の回心であり、この神秘的とも言える体験が、彼のその後の思想と行動とを方向づける「確信の根拠」となった。

自己が神の赤子であるという自覚は、超絶者への畏敬や帰順ではなく、自己の内なる神性の発見であったが、この体験的な確信にもとづき、神性の種子を自己の内部に養い育て、ついには神と合一した境地を自己の上に実現することがキリスト教信仰の極致であるとされた。海老名の場合、「神人合一」とは、究極者との神秘的忘我的な一体感に陶酔することではなく、きわめて実践的、倫理的な性格を帯びたものであることを特色とした。すなわち、海老名もまた同時代の多くのキリスト者らと同様に、神の「人格性」の投影に人間の尊貴性のゆえんを見いだし、「神人合一」とは、神と「人格の霊」を共有し、その道義的意志を我が意志として生きることであるとされた。そうすることによって理想的人格の確立を図り、さらにそれを社会、国家、人類へと外に向かって拡大していき、神の国をこの地上に実現することが、キリスト教的実践の終極の目的であるとされた。

ここで注意しておかねばならないことは、神人関係の理解の仕方である。海老名においては、人がキリストを範としつつ生きるとき、各人格に宿る神性の種子は次第に成長を遂げ、ついにキリストのごとく「神我れに在り、我れ神に在り」という完全な神人一体の境地に入ることができるとされた。そして、「最後に来るべきものは我々一人一人が基督の人格に同化すること」であり、そこでは「凡ての人が神となるのである」（「神の自現」『日本国民と基督教』・一六四）[10]とされた。ここにおいては、神はもはや自我と対峙する存在としての超絶性を失い、自我もまた超絶者に由来し、それによって規定される存在ではなく、神と同化するまでに無限に肥大した自我となりきっていることが明らかである。

このように極限にまで肥大し、もはや己を規定する何ものをももたぬ者となった自我の倫理的態度は、内なる確信の赴くままにあらゆる価値体系を恣意的に手元に引き入れるという生き方となって現れた。なぜなら、「神人合一」に生きるとは、道義的意志の実現において神と一体となることを意味したが、具体的には自らの内を顧みて「良心の声」に従うことであるとされたからである。「神の命令と云う者も一面より見れば各自の良心に他ならない」（「自力主義の基督教」同・一二〇）のである。しかも、このように内に移行した権威が、キリスト教信仰成立の究極の根拠とされるに至る。「救済の道は一つである。良心の権威を絶対に置くのである。……良心の声の存する限り、神の声は変らぬ。吾々は之を信じて、其中《その》に天地の絶大を見ることができる」（「霊界の飢饉」同・一四三—一四四）。

こうして〝キリスト教徒〟海老名は、ひたすら「良心の権威」、「煌々《こうこう》たる自己心霊の意識」のみを拠り所とし、教会の継承する諸々の信条はもとより、聖書をも含めたあらゆる客観的規範は、自我の自由な発現を外部から圧迫する戒律であるとしてこれらを退けるに至った。その際、イエス・キリストが人類の中で神性を最高度に具現した人格、人が仰いで範とすべき神と人との仲介者という、海老名独自の理解を負って登場する。しかし海老名においては、イエスを範として生きる生き方とは、福音書に記されたイエスの個々の言行を具体的な指針としてこれに習い従うこととは異なる。イエスはただ、人でありつつ神の性を完全に具現した人格、「理想我」としてすべての人間に「神我」の実現への希望を与え、彼らの内なる可能性を振起させるのである。したがって個人の生き方の指標としては、ひたすら「神我」への到達を目指して誠意正心をもって生きることが残されるのである。

このように、神に至る道が自我の内に求められたことと対応して、自我の拡大としての共同体においてもまた、神意実現の契機は自らの内部に求められた。すなわち、個のレベルにおいて誠意正心に生きることがそのまま「神人合一」への道を拓くとされたように、国家社会の次元でも、あらゆる共同体は道義的意志にもとづいて組織運営されるとき、そこに神意の完全な現れとしての神の国が実現するのであるとされた。

しかしながら、そのようなものとしての神の国は、聖書における神の歴史的啓示を共有し、それによって自己が規定される信仰共同体とは異質のものであろう。そこにおいては、あらゆる人間の営みは、道義的意志にもとづき正義公道を明らかにして神の心に通じると確信される限り、そのまま神意の発現として「摂理」の内に包み込まれるものとなる。例えば、古神道とキリスト教を結びつけようとする試みは、海老名の思想の中でしばしば批判の的となることの一つであるが、海老名の主張は、キリスト教も古神道も等しく正義公道の根源である神を「敬神の誠」をもって奉ずることにおいて一つとなり得るというにあった。

こうした論法は、あらゆる価値体系とキリスト教とを結びつける論理として働くであろう。キリストの宗教意識は深遠で、到底一人の人間のよく体現し得るところではなく、古来多くの偉大な宗教家がそれぞれの個性に即してキリストの神性を現してきた。同様に国家や民族の次元でも、それぞれが歴史的に保有する固有の敬神の念を唯一神に対する誠へと昇華させていくならば、すべてが世界宗教としてのキリスト教の一要素となり得るのであるとされた。したがって、大日本帝国の二千有余年の歴史はキリスト教的唯一神の摂理にもとづくものであり、その国体は神の聖旨によるものであるという類いの主張も、海老名の内的世界の当然の帰結なのであって、国家主義との癒着とか、当時流行の国民道徳論への迎合であるというような、海老名にしばしば向けられる批判は、少なくとも海老名の主観においては、彼自身の関与するところではなかったと考える。しかしながら、極限まで肥大した無規定な自我がキリスト教的唯一神と独自の関係を結び、ここに究極の確信の根拠を置いた故に、自我の内容がそのまま絶対化されるに至り、結果的にはきわめて安易な現実肯定を導いたものと言うことができよう。

なお小崎弘道について一言すれば、彼の場合は正統的な福音主義信仰に立つ点で海老名の世界とは内実が異なるが、ここでも同じく内在主義的な神観念が現世的諸価値に対する折衷の論理として働いている発言を見いだすことができる。例えば明治末年、国体とキリスト教に言及した際に、我が国体の基礎には神と霊魂不滅への信仰があるとして、ここに国体とキリスト教との接点を見ようとしているが、そこには若い頃、進化論とキリスト教的創造主宰神との調停を試みて、宇宙論的有神論を用いて彼なりに構想した内在神観が軸となっている。すなわち小崎は、従来神は「宇宙より超絶せるもの」であると信じられていたが、進化論の提唱によって神の「内住的理」が発見され、今日では「神は専ら宇宙の内に存するもの」であることが明らかになったと言う。この、神は世界に内住し、世界を内側から化育していくという理解が、時に応じて諸価値の無限抱擁を可能とする折衷の論理として機能したことは明らかであろう。

おわりに

以上、主として超越理念が倫理的生活に対してもつ意味という視点から、植村正久の場合を中心に課題の検討を試みた。結びに代えて一言すれば、ここに取り上げた三様の場合を比較するとき、そこに神と人との対峙における緊張度の高まりが、そのまま現実問題への対応における厳しさの度合いに相応するという構造を鮮やかに読み取ることができるのは、きわめて興味深いことであり、かつ彼らの課題を受け継ぐ者としての現代日本のキリスト者にとって示唆するところが少なくないと思われる。

植村正久の意義は、武士の克己の精神を土台としてプロテスタント的な贖罪信仰を主体化し、それによって到達した究極性への固有の確信を根拠として、超越的価値に対してよく現世的諸価値を相対化し得る視座を獲得したことにあったと言えよう。しかしながら、植村における「究極性」は現世の延長線上に想定されたものであった故に、現世的な諸々の価値体系の消長と連動するという制約から完全に自由ではあり得なかった。加えて彼の倫理的発言は、「武士」植村と精神や利害を共有する人々の間では優れた浸透力を発揮し得たであろうが、近代社会における人間関係の急激な多様化と、そこから生ずる複雑化した諸問題に、果たしてどこまで対応し得るものであったかという疑問が残るであろう。さらに、宗教の第一義的な意義は、政治レベルでの発言の影響力よりも、あくまでも内面性の浄化、霊魂の救済にあるとする立場に立つならば、今後のキリスト教にとっての指針は、少なくとも国家の問題に関する限り、やはり内村鑑三によって示された方向に探られるべきではないかと考える。

なお、海老名弾正に言及したのは問題の焦点を明確にするためであり、したがって彼の思想に対しては、本論のコンテキストの中では、植村や、特に内村の意義を際立たせるという消極的な意味しか与えることができなかった。また、海老名に見られるようなキリスト教理解が、日本キリスト教史におけるひとつの顕著な傾向を表すものであることを考え合わせるなら、その検討は、日本人キリスト者にとっての反省材料としての意味をもつであろう。

国家をめぐってなされた近代日本キリスト者の発言の意義は、超越次元から国家をとらえる視点を提示したことにあったと言えよう。それはもちろん、当時の日本社会には受け入れられず、理解されるにさえ至らなかったが、少なくともそうした視点があり得ることに国民の注意を喚起したことに対しては、それなりの意義が認められねばならないであろう。そして、彼らが引き受けた課題は、現代にもなお持ち越されたままであると考える。

注

本章は、日本倫理学会のシンポジウム「近代日本における国家と倫理」（一九八六年六月一〇日、於・慶應義塾大学）において発表し、同学会編『近代日本における国家と倫理』（慶応通信、一九八七年）に収録された論文に加筆修正を施したものである。

植村正久の著作の引用は、熊野義孝、石原謙、斎藤勇、大内三郎監修『植村正久著作集』（新教出版社、二〇〇五年）、および『植村全集』（植村全集刊行会、一九三二―一九三四年）によった。

内村鑑三の著作の引用は、山本泰次郎編『内村鑑三信仰著作全集』教文館、一九六二年による。

（1）　この二つの事件に関する歴史的経過の記述は、主として小沢三郎『内村鑑三不敬事件』（新教出版社、一九六一年）によった。

（2）　井上哲次郎の主張のポイントは以下の四点である。
①勅語は日本固有の国家観にもとづいて国家中心の道徳を示したものであるのに対し、キリスト教は、人類はすべて神の子であるという平等思想にもとづいて国家や人種の区別を否定する。②キリスト教は未来の永生に重きを置き、現世を軽んじる。③勅語の説く博愛は、人間関係における親疎、遠近等の別をわきまえた「差別的の愛」であるのに対し、キリスト教のいう愛は、墨子の兼愛の説と同じく、自分の父母も他人の父母も同様に愛せと説く「無差別の愛」である。④キリスト教は忠孝の二徳を説かない。

（3）　一八九一年二月二一日に、押川方義、植村正久、三並良、丸山通一、厳本善治の連名で、「敢世の識者に告白す」と題して、『女学雑誌』、『郵便報知新聞』、『読売新聞』、『日本評論』、『福音新報』の五誌に発表された文書。要点は、本稿に引用した部分にある。前掲『内村鑑三不敬事件』、一九一―一九四頁参照。

（4）鵜沼裕子『近代日本のキリスト教思想家たち』（日本基督教団出版局、一九八八年）の「植村正久」の章。
（5）内村鑑三『基督信徒の慰』警醒社、一八九三年。
（6）例えば森有正は、植村正久と内村鑑三について次のように述べている。「二人（植村と内村）の思想を、その全著作にわたって概観するときに、ヨーロッパ思想が、その本来の規模において、またその本来の深さにおいて、的確に把握されていたことを、我々は看取することができるであろう」（「内村鑑三」、『森有正全集　7』筑摩書房、一九七九年、二五四頁）。
（7）北森嘉蔵『救済の論理』創元文庫、創元社、一九五三年、一二〇―一二一頁。
（8）海老名弾正と小崎弘道に関する記述は、拙稿「明治キリスト者の神観と倫理――海老名弾正の思想を中心に」（『倫理学年報』第二三集に掲載）によった。
（9）海老名弾正『海老名弾正説教集』新教出版社、一九七三年に収録。
（10）海老名弾正『日本国民と基督教』北文館、一九三三年。

あとがき

出版業界の厳しい状況のもとで、あえてこのような書物を出すことにためらいを感じないわけではなかったが、あちこちに散逸している論文を一書にまとめておきたいという気持ちが固まった最大の理由は、聖学院大学で謦咳《けいがい》に接した敬愛する金子晴勇先生が、言いよどんでいた私を制するかのように有無を言わせず、ぜひ一本にまとめておくべきだ、と言ってくださったことである。数々の大著を世に問われている先生のご経験を私の場合に当てはめることはできないのだが、金子先生のお勧めならば、と背中を押される思いで、迷うことなく出版に決めたのであった。

私が曲がりなりにも、日本キリスト教思想史の分野でささやかな仕事をしてこられた理由は、幸いにも私の関心と身の丈に応じたテーマと出会えたことにあると思う。私に、日本プロテスタント・キリスト教史の開拓者・大内三郎先生との出会いのきっかけを作ってくださったのは、日本基督教団の隠退教師・志垣暹先生である。先生は、昨年ご子息を四十九歳という若さで天に送られ、現在はお悲しみの内にある。先生ご夫妻の日々に天来のお慰めが豊かに注がれるよう、祈って止まない。

自分なりの世界が少しはつかめたような気がしたのは、何と四十歳を過ぎてからのことであった。現在、八十余歳もの生を与えられていることからすると、それ以来すでに四十年以上が過ぎているので、文字通り牛歩のような研究生活であった。しかし、率直に言って、小さな生きた証しを世に残し、いつの日か顔も知らぬどなたかがこの本を手にしてくださるかもしれないと想像することは、心躍るものがある。このささやかな幸せを心から感謝したいと思う。

なお、各章はそれぞれ独立した論文として書いたので、特に冒頭の部分など、内容上重複しているところもあるが、趣旨をご理解いただく上で必要と思われるので、あえてそのままにした。

各論文の初出は次の通りである。

序　章　『日本思想史講座5』（ぺりかん社、二〇一五年）所収の論文「キリスト教」（Ⅳ日本思想史へ――ガイダンス）の一部に加筆修正した。

以下の章も、いずれも初出原稿に加筆修正を行った。

第一章　「植村正久における文学と信仰」古屋安雄他編『歴史と神学――大木英夫教授喜寿記念献呈論文集』下巻、聖学院大学出版会、二〇〇六年

第二章　「内村鑑三における信仰と倫理――戦争と平和の問題をめぐって」『聖学院大学総合研究所紀要』46号、二〇一〇年

第三章　「新渡戸稲造の世界――その植民地観をめぐって」『聖学院大学総合研究所紀要』56号、二〇一三年

第四章　「日本キリスト教史における「他者」理解をめぐって――波多野精一の場合」『聖学院大学総合研究所紀要』41号、二〇〇八年
第五章　「賀川豊彦試論」（『近代日本キリスト者の信仰と倫理』聖学院大学出版会、二〇〇〇年）、「賀川豊彦における『悪』の問題」（賀川豊彦学会第一八回研究大会（二〇〇五年七月、於・明治学院大学）での発表原稿、「賀川豊彦の信の世界」（日本基督教学会第60回学術大会でのシンポジウム「賀川豊彦と21世紀のキリスト教の課題」での発表原稿）の三論考をもとに作成した。
第六章　「高倉徳太郎の生と死をめぐって――一信徒としての立場から」『聖学院大学総合研究所紀要』50号、二〇一一年
第七章　「キリスト教から見た国家と倫理」日本倫理学会編『近代日本における国家と倫理』慶応通信、一九八七年

ここで感謝をもって記しておきたいのは、聖学院大学出版会の木下元氏のことである。本書の作成についての打ち合わせの際に同氏が、良質なキリスト教書を一冊でも多く世に出したいと考えている、と熱く語られたひと言ひと言もまた、私の背中を力強く押してくれた。（私の本が「良質なキリスト教書」と言えるかどうかは別として。）

同出版会編集担当の花岡和加子氏は、すべてに大雑把な私に代わって、細部にわたりきめ細かなチェックをしてくださり、本書を、研究者仲間に供して恥ずかしくない体裁に仕上げてくださった。ま

たパソコン操作の不得手な私は、この方面で、旧友・鴻巣正子氏からさまざまなかたちの助力を賜った。お二方に対し、この場を借りて心からの謝意を表したい。

なお、カバー画の作者・冨成忠夫（一九一九―一九九二）は私の遠縁にあたり、キリスト者ではなかったが、「ノアの箱舟」、「バベルの塔」など、聖書に題材をとった一連の作品を遺している。このたびはその中から、「古寺」と題する作品でカバーを飾ることとした。故人とは家族のような付き合いであったので、このたびのアイディアをきっと喜んでくれていることと思う。

最後に、一日の大半をパソコンに向かっている私を鷹揚に認め、間接的に支えてくれた夫・鵜沼直雄に心からの謝意を表したい。

鵜沼裕子

二〇一七年五月

著者紹介

鵜沼裕子（うぬま　ひろこ）

1934年東京生まれ。東京大学大学院人文科学研究科倫理学専攻課程・博士課程単位取得満期退学（文学修士）。元聖学院大学大学院アメリカ・ヨーロッパ文化研究科教授。聖学院大学名誉教授。
【著書】『近代日本のキリスト教思想家たち』（日本基督教団出版局、1988年）、『史料による日本キリスト教史』（聖学院大学出版会、1992年）、『近代日本キリスト者の信仰と倫理』（同、2000年）など。

近代《きんだい》日本《にほん》キリスト者《しゃ》との対話《たいわ》
――その信《しん》の世界《せかい》を探《さぐ》る――

2017年９月28日　初版第１刷発行

著　者　鵜　沼　裕　子

発行者　清　水　正　之

発行所　聖学院大学出版会
〒362-8585　埼玉県上尾市戸崎１番１号
Tel. 048-725-9801　Fax. 048-725-0324
E-mail : press@seigakuin-univ.ac.jp

印刷所　三松堂印刷株式会社

ISBN978-4-909022-65-3　C3016

村松　晋 著

近代日本精神史の位相――キリスト教をめぐる思索と経験

ISBN 978-4-907113-07-0（2014）　A5判324頁　6,800円（本体）

近現代日本の〈思想家〉と目される存在と向き合ってきた著者の関心は一貫して、対象とする思想家の「論理」とともに、その論理を通底する世界――思想家をしてそのような営みをなさしめた、精神の原器とも言うべきもの――に注がれてきた。「思想史」ではなく「精神史」を冠するのは、その実りとして本書があるからである。第一部「新渡戸・内村門下への一視角」では、前田多門、南原繁と坂口安吾、松田智雄を、第二部「キリスト教受容の諸相」では、地方の一小学校教師、波多野精一、氷上英廣、井上良雄を、第三部「『近代の超克』とカトリシズム」では、吉満義彦を論じている。

ラインホールド・ニーバー 著／髙橋義文・柳田洋夫 訳

人間の運命――キリスト教的歴史解釈

ISBN 978-4-907113-22-3（2017）　A5判392頁　3,700円（本体）

ラインホールド・ニーバー『人間の本性と運命』第Ⅱ巻（Reinhold Niebuhr, *The Nature and Destiny of Man*, Vol. II: *Human Destiny* (New York: Charles Scribner's Sons, 1943)）の全訳。ニーバーの代表作の本邦初訳。
歴史の本質的性格とその意味を、古代から近代に至るさまざまな思想と対話しつつ、キリスト教の視点に立って新たな解釈を試みている。歴史の限界をえぐり出すとともに、それを超える意味に目を向けながら、キリスト教的歴史観の現代における意義を訴える。

◆◇◆　聖学院大学出版会の本　◆◇◆

鵜沼裕子 著

史料による日本キリスト教史

ISBN 978-4-915832-01-7　第2版第4刷（2015）　四六判200頁　1,600円（本体）

キリシタン時代から現代に至るまでの、日本におけるキリスト教の受容と展開をわかりやすく素描した「歴史篇」と、手に入りにくい原史料から日本のキリスト教を読みとく「史料篇」からなる。原史料にあたりながら読み進められるように工夫されている。この一冊で、日本のキリスト教の歴史について基礎的知識が得られる恰好の入門書。

鵜沼裕子 著

近代日本キリスト者の信仰と倫理

ISBN 978-4-915832-32-1（2000）　A5判186頁　3,600円（本体）

近代日本のキリスト教に関する研究の主要な関心は、これまで主として「近代化」という国家的課題の中で、キリスト教が果たしてきた開明的役割を明らかにすることであり、政治・社会との関わりに重点が置かれてきた。本書では、これまでの研究を踏まえつつ、近代日本における代表的キリスト者である、植村正久、内村鑑三、新渡戸稲造、三谷隆正、賀川豊彦を取り上げ、かれらの信仰を内在的に理解し、その信仰と倫理の実像を描く。